히어로 왕초보
중국어 회화

히어로 왕초보
중국어 회화

초판 4쇄 발행 2024년 9월 1일
초판 1쇄 발행 2017년 8월 30일

저자	더 콜링_김정희
감수	왕러(王乐)
기획	김은경
편집	이지영
발행인	조경아
발행처	**랭**귀지**북**스
주소	서울시 마포구 포은로2나길 31 벨라비스타 208호
전화	02.406.0047 **팩스** 02.406.0042
등록번호	101-90-85278 **등록일자** 2008년 7월 10일
이메일	languagebooks@hanmail.net
MP3 다운로드	blog.naver.com/languagebook
ISBN	979-11-5635-064-4 (10720)
값	9,500원

ⓒLanguageBooks, 2017

이 책은 저작권법에 따라 보호받는 저작물이므로 무단 전재와 무단 복제를 금지하며,
이 책 내용의 전부 또는 일부를 이용하려면 반드시 저작권자와 **랭**귀지**북**스의
서면 동의를 받아야 합니다. 잘못된 책은 구입처에서 바꿔 드립니다.

히어로 왕초보
중국어 회화

랭귀지북스

Preface 머리말

내 손안에 쏙 들어오는 〈**히어로 왕초보 중국어 회화**〉는 일상에서 쓸 수 있는 중국어 회화만을 담았습니다. 중국어는 세계에서 가장 많은 인구수가 사용하는 언어로, 최근 가장 핫하게 떠오르는 외국어이기도 합니다. 중국의 세계적 지위가 급부상될 것으로 예견되는 만큼 많은 사람들이 중국어를 배우며, 중고등학교의 제2외국어로 가장 많이 선택합니다. 세계에서 가장 많은 사람들과 소통할 수 있는 언어인 중국어를 자신 있게 시작해 보세요.

당장 내 앞에 중국인이 길이라도 물어본다면, 또는 글로벌 시대에 온라인에서 중국 친구 한 명 사귀어 보고 싶다면, 자신 있게 〈**히어로 왕초보 중국어 회화**〉를 꺼내 보세요.

나의 중국어 실력을 빛나게 할 작지만 강한 책으로 이제 당신도 중국어 히어로가 될 수 있습니다.

더 콜링_김정희

About this book 이 책의 특징

● 막힘없이 쉽게!

왕초보부터 초·중급 수준의 중국어 학습자를 위한 회화 포켓북입니다. 중국어권 사람들과 바로 통하는 표현을 엄선해, 인사부터 쇼핑, 여행, 사건 & 사고까지 세세하게 구성했습니다. 이제 어떤 중국어 응급 상황이 닥치더라도 당황하지 말고 상황별 표현을 찾아 막힘없이 말해 보세요.

● 리얼 발음으로 쉽게!!

왕초보도 중국어를 쉽게 읽을 수 있도록 원어민 발음에 최대한 가까운 한글 발음을 각 표현 하단에 표기했습니다. 한글 발음 표기로 이제 자신 있게 리얼 발음을 구사해 보세요.

● 어디서나 쉽게!!!

한 손에 쏙 들어오는 크기로, 24시간 주머니 속에 넣고 다니며 필요할 때마다 꺼내 표현을 익힐 수 있습니다. 이제까지 보디랭귀지와 단순 단어만으로 중국어 위기상황을 모면했다면 지금부터는 포켓 사이즈 〈**히어로 왕초보 중국어 회화**〉로 언제 어디서든 마음껏 이야기해 보세요.

· 중국어란?

중국의 다수 민족인 한족(汉族 Hànzú 한쭈)이 쓰는 언어로 한어(汉语 Hànyǔ 한위)라고 하며, 표준어라는 뜻의 푸통화(普通话 pǔtōnghuà 푸퉁후아)라고도 합니다. 중국어는 우리의 한자와 모양이 다른 '간화자'를 쓰며, '한어병음'으로 발음을 표기합니다. (대만, 홍콩 등에서는 우리와 같은 한자(번체자)를 사용합니다.)

1. 중국어의 특징

① 표의문자로, 각 글자마다 독립된 의미를 가지고 있습니다.

② 격조사가 없으며, 격에 따른 변화도 없습니다.

③ 주어의 인칭이나 시제에 따른 동사 변화나 우리말처럼 어미 변화가 없습니다. 따라서 부사나 조사 등으로 간단하게 시제를 표현합니다.

④ 기본 어순은 '주어+술어+목적어'인 것이 우리말과의 가장 큰 차이입니다. 이 외에는 우리말 어순과 비슷합니다.

⑤ 우리말과 달리 띄어쓰기가 없습니다.

⑥ 존칭어가 발달되지 않아, 존칭의 표현이 간단합니다.

2. 간화자

간화자(简化字 jiǎnhuàzì **지엔후아쯔**)는 간체자(简体字 jiǎntǐzì **지엔티쯔**)라고도 합니다. 중국의 문자 개혁에 따라 한자를 간략한 모양으로 만들어 중국에서 사용하는 한자를 말합니다.

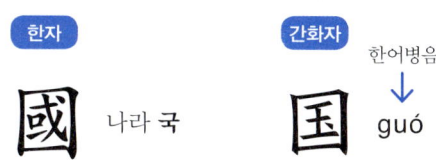

3. 한어병음

MP3. C0

한어병음(汉语拼音 Hànyǔ pīnyīn **한위 핀인**)은 중국어 음절의 소리를 로마자로 표기한 것입니다. 한어병음은 성모, 운모, 성조로 이루어져 있습니다.

① **성모**

우리말의 자음과 비슷한 역할을 하며, 21개입니다.

1. 윗입술과 아랫입술을 붙였다 떼면서 내는 소리

    b 뽀   p 포   m 모

1-1 윗니와 아랫입술을 붙였다 떼는 소리

    f 포

2. 혀끝을 윗잇몸 뒤에 대고 내는 소리

    d 떠   t 터   n 너   l 러

3. 혀뿌리를 안쪽 입천장에 댔다가 떼면서 내는 소리

    g 꺼   k 커   h 허

4. 혓바닥을 입천장에 댔다가 떼면서 내는 소리

    j 지   q 치   x 시

5. 혀를 말아서 입천장에 대지 않고 내는 소리

    zh 즈   ch 츠   sh 스   r 르

6. 혀끝으로 윗니 뒤를 밀면서 내는 소리

　　z 쯔　　c 츠　　s 쓰

② 운모

우리말의 모음과 비슷한 역할을 하며 단운모 6개 및 복운모, 비운모, 권설운모가 있습니다.

1. 단운모

　　a 아　*o 오　**e 어　i 이　u 우　***ü 위

* 우리말의 [오]와 [어]의 중간으로 발음합니다.
** 우리말의 [으]와 [어]의 중간으로 발음합니다.
*** 입술 모양은 [우]를 한 상태에서 [위]를 발음합니다.

2. 복운모

　　ai 아이　ao 아오　ou 어우　ei 에이

　　ia 이아　ie 이에　iao 야오　iou 여우

　　ua 우아　uo 우어　uai 와이　uei 웨이

　　üe 위에

3. 비운모

an 안 ang 앙 *ong 웅 en 언 eng 엉
ian 이엔 iang 이앙 in 인 ing 잉 **iong 이웅
uan 우안 uen 우언 uang 우앙 ueng 우엉
ün 윈 üan 위엔

* 우리말의 [옹]과 [웅]의 중간으로 발음합니다.
** 우리말의 [이옹]과 [이웅]의 중간으로 발음합니다.

4. 권설운모

*er 얼

* 혀끝이 입천장에 닿지 않도록 주의합니다.

③ **성조**

소리의 높낮이를 나타내는 요소로, 중국어의 표준어에는 제1~4성과 경성이 있습니다.

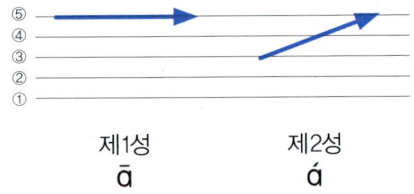

제1성　　　　　제2성
ā　　　　　　　á

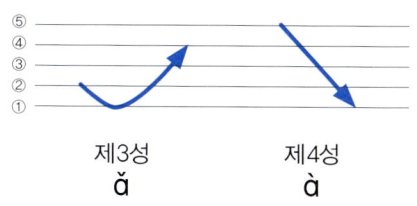

제3성 제4성
ǎ à

성조	발음	발음 방법	예
제1성	ā	가장 높은 음⑤에서 시작하여 같은 높이⑤로 소리 냅니다.	妈 mā 엄마
제2성	á	중간음③에서 시작하여 가장 높은 음⑤까지 올리며 소리 냅니다.	麻 má 삼베
제3성	ǎ	약간 낮은 음②에서 시작하여 제일 낮은 음①까지 내렸다가 높은 음④까지 올리면서 소리 냅니다.	马 mǎ 말
제4성	à	가장 높은 음⑤에서 가장 낮은 음①까지 급하게 내려가면서 소리 냅니다.	骂 mà 꾸짖다
경성	a	본래의 성조가 변하여 짧고 가볍게 소리 내는데, 앞의 성조에 따라 높이가 다릅니다.	吗 ma 의문조사

- 경성

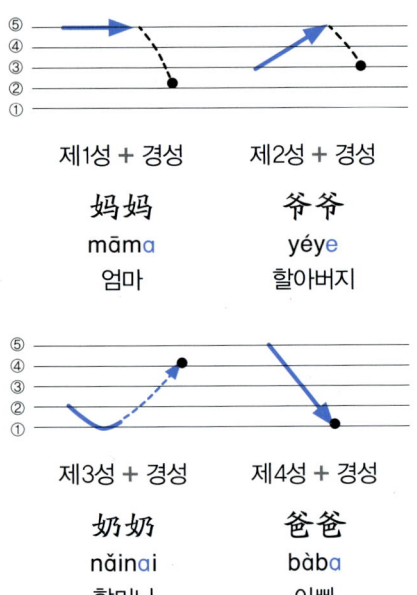

제1성 + 경성

妈妈
māma
엄마

제2성 + 경성

爷爷
yéye
할아버지

제3성 + 경성

奶奶
nǎinai
할머니

제4성 + 경성

爸爸
bàba
아빠

④ **성조의 변화**

1. 제3성의 변화

   '제3성+제3성'은 발음할 때 '제2성+제3성'으로 변합니다.
   단, 성조 표기는 변하지 않습니다.

   nǐ hǎo [ní hǎo]

2. 반3성

   제1, 2, 4성과 경성 앞의 제3성은 내려가는 부분(②-①)만 소리 내는데, 이를 반3성이라고 합니다.

3. 不의 성조 변화

   '不 bù 뿌'는 원래 제4성이지만, 뒤에 제4성의 음절이 오면, 제2성 'bú 부'로 변하며, 표기도 제2성으로 합니다.

   bùshì ➜ búshì

4. 一의 성조 변화

'一 yī 이'는 원래 제1성이지만, 뒤에 제4성의 음절이 오면 제2성 'yí 이'로, 제1, 2, 3성의 음절이 오면 제4성 'yì 이'로 변합니다.
단, 서수로 쓰일 때는 그대로 제1성입니다.

dì yī kè

yī cì ➔ yí cì

yī biān ➔ yì biān

⑤ 한어병음 표기법

1. 성조는 운모 위에 표기합니다. 운모가 여러 개일 때는 입이 크게 벌어지는 운모(a > o > e > i, u, ü) 순으로 표기합니다.
   단, i, u는 뒤에 오는 운모에 성조를 표기합니다.

   hǎo   xiē   duì   jiǔ

2. i에 성조를 표기할 때는 i 위의 점을 빼고 표기합니다.

   jǐ   qī

3. i, u, ü가 성모 없이 운모 단독으로 쓸 때는 다음과 같이 표기합니다.

   i ➔ yi

   u ➔ wu

   ü ➔ yu (ü 위의 점 두 개를 빼는 것에 주의)

4. ü는 성모 j, q, x와 결합할 때는 ü 위의 점 두 개를 빼고 u로 표기합니다.

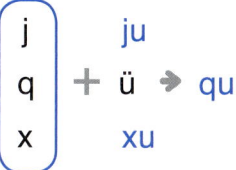

- 중국어란?   6

Chapter 1   이 정돈 기본이에요!

Unit 1   **인사**

처음 만났을 때	30
때에 따른 인사	32
안부 묻기	34
안부 답하기	35
헤어질 때 인사	38
환영할 때	40
사람을 부를 때	42
말을 걸 때	43

Unit 2   **소개**

상대의 정보 묻기	45
자신의 정보 대답하기	46
자기소개하기	48

Unit 3   **감사**

감사	50
감사 인사의 대답	53

Unit 4   **사과**

사과	55
잘못 & 실수했을 때	57
사과 인사의 대답	58

Unit 5	**기타**	
	칭찬	60
	부탁	62
	재촉	64
	추측	65
	동정	67
	비난	68

Chapter 2	**무슨 말을 꺼낼까?**	
Unit 1	**하루 생활**	
	일어나기	74
	세면 & 양치	76
	샤워 & 목욕	78
	머리 감기	79
	식사	81
	옷 입기	84
	화장 & 꾸미기	87
	TV 시청	88
	잠자리 들기	90
	잠버릇	91
	잠자기	93
	꿈	94

Unit 2	**집**	
	화장실 사용	96
	화장실 에티켓	97
	대소변	98
	욕실 & 화장실 문제	100
	거실	101
	냉장고	102
	식사 준비	104
	요리	105
	식사 예절	106
	설거지	107
	주방용품	109
	전자레인지 & 가스레인지	110
	위생	111
	청소	113
	쓰레기 버리기	115
	세탁	116
	집 꾸미기	119
Unit 3	**운전 & 교통**	
	운전	120
	주차	122
	교통 체증	124
	교통 위반	125

Chapter 3 나랑 친구할래요?

Unit 1   날씨 & 계절

날씨 묻기	130
일기예보	131
맑은 날	132
흐린 날	133
비 오는 날	135
천둥 & 번개	136
봄	137
황사	139
여름	140
장마	141
태풍	142
가을	144
단풍	145
겨울	146
눈	147

Unit 2   명절 & 기념일

설날	149
새해 결심	150
추석	152
크리스마스	153

	생일	154
	축하	156
Unit 3	**취미**	
	취미 묻기	158
	취미 대답하기	159
	사진 찍기	160
	운동	162
	구기종목	164
	음악 감상	167
	악기 연주	168
	영화 감상	169
	극장 가기	172
	독서	173
	수집	175
Unit 4	**애완동물**	
	애완동물	177
	개	179
	고양이	182
	기타	183
Unit 5	**식물 가꾸기**	
	식물	185

Chapter 4 어디에서든 문제없어!

Unit 1 음식점

음식점 추천	190
음식점 예약	191
식당 안내	192
메뉴 보기	193
주문 전	195
주문	196
음료	200
요구 사항	201
종업원과 대화	202
서비스 불만	204
음식 맛 평가	205
계산	206
커피	209
패스트푸드	210
배달	212

Unit 2 쇼핑

쇼핑	214
옷 가게	217
옷 고르기	219
마트	221

	할인	222
	할인 내역	225
	할부	226
	배송	227
	반품 & 교환	229
Unit 3	**병원 & 약국**	
	병원 예약 & 수속	231
	진료	233
	외과	234
	내과 – 감기	237
	내과 – 열	238
	내과 – 소화기	240
	치과 – 치통	242
	치과 – 발치	243
	치과 – 충치	245
	기타 진료	246
	입원 & 퇴원	247
	수술	248
	진료비 & 보험	250
	문병	251
	처방	252
	약국 – 복용법	253

	약국 – 약 구입	255
Unit 4	**은행 & 우체국**	
	은행 – 계좌	257
	입출금	258
	송금	259
	ATM	260
	신용 카드	262
	환전	263
	환율	264
	대출	266
	편지 발송	268
	소포	270
Unit 5	**미용실**	
	미용실	272
	커트	273
	파마	275
	염색	277
Unit 6	**세탁소**	
	세탁물 맡기기	279
	세탁물 찾기	280
	얼룩 제거	281
	수선	282

Unit 7	**영화관 & 기타 공연장**	
	영화관	284
	영화표	286
	영화관 에티켓	288
	기타 공연	289

Chapter 5 여행 가서도 척척!

Unit 1	**출발 전**	
	항공권 예약	294
	예약 확인 및 변경	297
	여권	298
	비자	299
Unit 2	**공항**	
	공항 이용	302
	티켓팅	303
	보딩	305
	세관	306
	면세점	307
	출국 심사	309
	입국 심사	310
	짐 찾을 때	312
	마중	313

Unit 3	**기내**	
	기내	315
	기내식	317
Unit 4	**숙박**	
	숙박 예약	320
	체크인	322
	체크아웃	325
	호텔 서비스	327
	숙박 시설 트러블	329
Unit 5	**관광**	
	관광 안내소	331
	투어 상담	332
	입장권 구매	335
	관람	336
	길 묻기	338
Unit 6	**교통**	
	기차	341
	지하철	342
	버스	344
	택시	346
	배	349

Chapter 6 긴급상황도 OK!

Unit 1 응급 상황
응급 상황	354
구급차	355

Unit 2 길을 잃음
길을 잃음	358
미아	359

Unit 3 사건 & 사고
분실	361
분실 신고 & 분실물 센터	362
도난	363
소매치기 & 좀도둑	366
사기	368
경찰 신고	370
교통사고	371
안전사고	373
화재	375
지진	378

Chapter 7　너희들 덕에 편하구나!

Unit 1　컴퓨터

컴퓨터	384
컴퓨터 모니터	386
키보드 & 마우스	388
프린터	389
복사기	391
문서 작업	392
파일 저장 & 관리	394

Unit 2　인터넷

인터넷	398
이메일	401
블로그	403

Unit 3　휴대 전화

휴대 전화	406
휴대 전화 문제	408
휴대 전화 기능	410
문자 메시지	412
벨소리	414

Chapter 1
이 정돈 기본이에요!

Unit 1 **인사**
Unit 2 **소개**
Unit 3 **감사**
Unit 4 **사과**
Unit 5 **기타**

Unit 1 인사

처음 만났을 때

💬 안녕(하세요).

你好。
Nǐ hǎo.
니 하오

💬 안녕하세요.

您好。
Nín hǎo.
닌 하오

💬 처음 뵙겠습니다.

初次见面。
Chūcì jiànmiàn.
추츠 지엔미엔

💬 만나서, 반가워요.

见到你，很高兴。
Jiàndào nǐ, hěn gāoxìng.
지엔따오 니, 헌 까오싱

💬 알게 되서, 기뻐요.

认识你，很高兴。
Rènshi nǐ, hěn gāoxìng.
런스 니, 헌 까오싱

💬 저도 반갑습니다.

我也很高兴。
Wǒ yě hěn gāoxìng.
워 이에 헌 까오싱

💬 잘 부탁드립니다.

请多多指教。
Qǐng duōduō zhǐjiāo.
칭 뚜어뚜어 즈쟈오

请多多关照。
Qǐng duōduō guānzhào.
칭 뚜어뚜어 꾸안자오

💬 말씀 많이 들었어요.

久仰久仰。
Jiǔyǎng jiǔyǎng.
지우양 지우양

💬 왕 선생님, 미스 장을 아세요?

王先生，您认识张小姐吗？
Wáng xiānsheng, nín rènshi Zhāng xiǎojiě ma?
왕 시엔성, 닌 런스 장 샤오지에 마?

💬 명함 있으세요?

您有名片吗？
Nín yǒu míngpiàn ma?
닌 여우 밍피엔 마?

💬 이것은 제 명함입니다.

这是我的名片。
Zhè shì wǒ de míngpiàn.
저 스 워 더 밍피엔

때에 따른 인사

💬 안녕(하세요).

早。
Zǎo.
짜오

早安。
Zǎo'ān.
짜오안

早上好。
Zǎoshang hǎo.
짜오상 하오

💬 안녕(하세요).

午安。
Wǔ'ān.
우안

︿ 점심에 하는 인사이지만, 많이 쓰지지는 않습니다.

💬 안녕(하세요).

晚上好。
Wǎnshang hǎo.
완상 하오

︿ 저녁에 만났을 때 하는 인사입니다.

💬 잘 자. / 안녕히 주무세요.

晚安。
Wǎn'ān.
완안

︿ 잘 때 하는 인사입니다.

안부 묻기

💬 잘 지내요?

你好吗?
Nǐ hǎo ma?
니 하오 마?

> 서로 잘 아는 사이에서 안부를 묻는 인사로, 이때 대답은 자신의 상황에 맞춰 '~(하)게 지낸다'는 식으로 해야 합니다.

你过得好吗?
Nǐ guò de hǎo ma?
니 꾸어 더 하오 마?

💬 식사했어요?

你吃饭了吗?
Nǐ chīfàn le ma?
니 츠판 러 마?

> 우리말에서 식사 여부를 확인하기보다는 안부를 묻는 인사로 쓰는 것처럼, 중국인들도 이런 표현을 사용합니다.

💬 어떻게 지내요?

你过得怎么样?
Nǐ guò de zěnmeyàng?
니 꾸어 더 쩐머양?

💬 부모님은 모두 잘 지내세요?

你父母都好吗?
Nǐ fùmǔ dōu hǎo ma?
니 푸무 떠우 하오 마?

💬 가족들은 모두 잘 지내요?

你家人都好吗?
Nǐ jiārén dōu hǎo ma?
니 지아런 떠우 하오 마?

안부 답하기

💬 잘 지내요.

我很好。
Wǒ hěn hǎo.
워 헌 하오

我过得很好。
Wǒ guò de hěn hǎo.
워 꾸어 더 헌 하오

我过得不错。
Wǒ guò de búcuò.
워 꾸어 더 부추어

💬 그럭저럭요.

我还好。
Wǒ hái hǎo.
워 하이 하오

我还行。
Wǒ hái xíng.
워 하이 싱

💬 대충요.

马马虎虎。
Mǎmahūhū.
마마후후

💬 여전해요.

还是老样子。
Háishi lǎoyàngzi.
하이스 라오양쯔

💬 별로 잘 지내지 못해요.

我过得不太好。
Wǒ guò de bútài hǎo.
워 꾸어 더 부타이 하오

💬 요즘 바빠요.

最近很忙。
Zuìjìn hěn máng.
쭈이진 헌 망

💬 벌써 먹었죠, 당신은요?

我已经吃了，你呢？
Wǒ yǐjīng chī le, nǐ ne?
워 이징 츠 러, 니 너?

💬 오랜만입니다.

好久不见。
Hǎojiǔ bú jiàn.
하오지우 부 지엔

好久没见。
Hǎojiǔ méi jiàn.
하오지우 메이 지엔

💬 제 대신 부모님께 안부 전해 주세요.

请替我向你父母问好。
Qǐng tì wǒ xiàng nǐ fùmǔ wènhǎo.
칭 티 워 시앙 니 푸무 원하오

헤어질 때 인사

💬 잘 가. / 안녕(히 가세요).

再见。
Zàijiàn.
짜이지엔

💬 내일 만나.

明天见。
Míngtiān jiàn.
밍티엔 지엔

💬 이따가 만나.

回头见。
Huítóu jiàn.
후이터우 지엔

一会儿见。
Yíhuìr jiàn.
이후얼 지엔

💬 주말 잘 보내요.

周末快乐。
Zhōumò kuàilè.
저우모 콰이러

💬 조심히 가세요.

慢走。
Mànzǒu.
만쩌우

💬 나오지 마세요.

请留步。
Qǐng liúbù.
칭 리우뿌

↖ 배웅하는 집주인에게 손님이 만류하는 인사말입니다.

💬 즐거운 여행 되세요!

祝您旅途愉快!
Zhù nín lǚtú yúkuài!
주 닌 뤼투 위콰이!

💬 가는 길 평안하세요.

一路平安。
Yílù píng'ān.
이루 핑안

💬 가는 길 순조롭기를 바랍니다.

一路顺风。
Yílù shùnfēng.
이루 순펑

💬 가야겠어요.

我该走了。
Wǒ gāi zǒu le.
워 까이 쩌우 러

💬 배웅하지 않아도 됩니다.

别送了。
Bié sòng le.
비에 쑹 러

💬 몸조심하세요.

多保重。
Duō bǎozhòng.
뚜어 바오중

환영할 때

💬 상하이에 오신 것을 환영합니다.

欢迎您来到上海。
Huānyíng nín láidào Shànghǎi.
후안잉 닌 라이따오 상하이

💬 저희 집에 오신 것을 환영합니다.

欢迎您来到我家。
Huānyíng nín láidào wǒ jiā.
후안잉 닌 라이따오 워 지아

💬 이곳이 마음에 들기 바랍니다.

希望您喜欢这儿。
Xīwàng nín xǐhuan zhèr.
시왕 닌 시후안 저얼

💬 당신과 함께 일하게 되어 기뻐요.

很高兴跟你一起共事。
Hěn gāoxìng gēn nǐ yìqǐ gòngshì.
헌 까오싱 껀 니 이치 꿍스

💬 어서 오세요.

欢迎光临。
Huānyíng guānglín.
후안잉 꾸앙린

︿ 보통 가게에서 점원이 손님을 맞이하는 인사입니다.

사람을 부를 때

💬 실례합니다.

劳驾。
Láojià.
라오지아

↗ 부탁이나 양보를 청할 때 쓰는 겸손한 표현입니다.

💬 죄송합니다.

对不起。
Duìbuqǐ.
뚜이부치

💬 좀 비켜 주세요.

请让一下。
Qǐng ràng yíxià.
칭 랑 이시아

💬 여보세요, 안녕하세요!

喂，您好!
Wèi, nín hǎo!
웨이, 닌 하오!

↗ 종업원이 손님을 맞이할 때, 전화상 등 다양하게 쓰이는 표현입니다.

💬 여사님.

这位女士。
Zhè wèi nǚshì.
저 웨이 뉴스

💬 아가씨.

这位小姐。
Zhè wèi xiǎojiě.
저 웨이 샤오지에

말을 걸 때

💬 할 말이 있는데요.

我有话要说。
Wǒ yǒu huà yào shuō.
워 여우 후아 야오 수어

💬 이야기 좀 해도 될까요?

我能跟你聊两句吗?
Wǒ néng gēn nǐ liáo liǎng jù ma?
워 넝 껀 니 랴오 리앙 쥐 마?

我能跟你聊几句吗?
Wǒ néng gēn nǐ liáo jǐ jù ma?
워 넝 껀 니 랴오 지 쥐 마?

💬 죄송합니다, 제가 끼어들었네요.

对不起，我打个岔。
Duìbuqǐ, wǒ dǎ ge chà.
뚜이부치, 워 다 거 차

💬 제 말 좀 들어 봐요.

你听我说一句。
Nǐ tīng wǒ shuō yí jù.
니 팅 워 수어 이 쥐

Unit 2 소개

상대의 정보 묻기

💬 이름이 뭐예요?

你叫什么名字?
Nǐ jiào shénme míngzi?
니 쟈오 션머 밍쯔?

💬 성이 어떻게 되세요? (성함이 어떻게 되세요?)

您贵姓?
Nín guì xìng?
닌 꾸이 싱?

💬 한번 뵙고 싶었어요.

很想和你见一面。
Hěn xiǎng hé nǐ jiàn yí miàn.
헌 시앙 허 니 지엔 이 미엔

💬 무슨 일 하세요? (직업이 뭐예요?)

你做什么工作?
Nǐ zuò shénme gōngzuò?
니 쭈어 션머 꿍쭈어?

💬 어느 나라 사람이에요?

你是哪国人？
Nǐ shì nǎ guó rén?
니 스 나 구어 런?

💬 어디에서 왔어요?

你从哪儿来的？
Nǐ cóng nǎr lái de?
니 충 나알 라이 더?

💬 몇 개 국어를 할 줄 아세요?

你会说几国语言？
Nǐ huì shuō jǐ guó yǔyán?
니 후이 수어 지 구어 위이엔?

자신의 정보 대답하기

💬 한국에서 왔어요.

我从韩国来。
Wǒ cóng Hánguó lái.
워 충 한구어 라이

💬 한국 사람입니다.

我是韩国人。
Wǒ shì Hánguórén.
워 스 한구어런

💬 저는 대한회사에서 일합니다.

我在大韩公司工作。
Wǒ zài Dàhán gōngsī gōngzuò.
워 짜이 따한 꿍쓰 꿍쭈어

💬 저는 은행에서 일합니다.

我在银行工作。
Wǒ zài yínháng gōngzuò.
워 짜이 인항 꿍쭈어

💬 저는 한국대학 4학년의 학생입니다.

我是韩国大学大四的学生。
Wǒ shì Hánguó dàxué dàsì de xuésheng.
워 스 한구어 따쉐에 따쓰 더 쉬에성

💬 저는 미혼이에요.

我未婚。
Wǒ wèihūn.
워 웨이훈

💬 결혼했어요.

我结婚了。
Wǒ jiéhūn le.
워 지에훈 러

자기소개하기

💬 제 소개를 좀 할게요.

自我介绍一下。
Zìwǒ jièshào yíxià.
쯔워 지에사오 이시아

💬 안녕하세요, 김지나라고 합니다.

你好，我叫金志娜。
Nǐ hǎo, wǒ jiào Jīn Zhìnà.
니 하오, 워 쟈오 진 즈나

💬 김지나라고 합니다. '김'은 황금의 김(금), '지'는 의지의 지, '나'는 계집녀가 부수인 저쪽의 나입니다.

> 我叫金志娜。金是黄金的金，志是意志的志，娜是女字旁加个那边的那。
> Wǒ jiào Jīn Zhìnà. Jīn shì huángjīn de Jīn, zhì shì yìzhì de zhì, nà shì nǚzì páng jiā ge nàbiān de nà.
> 워 쟈오 진 즈나. 진 스 후앙진 더 진, 즈 스 이즈 더 즈, 나 스 뉘쯔 팡 지아 거 나삐엔 더 나

💬 지나라고 불러 주세요.

> 请叫我志娜。
> Qǐng jiào wǒ Zhìnà.
> 칭 쟈오 워 즈나

💬 안녕하세요, 저는 지미의 친구 김지나입니다.

> 你好，我是智美的朋友金志娜。
> Nǐ hǎo, wǒ shì Zhìměi de péngyou Jīn Zhìnà.
> 니 하오, 워 스 즈메이 더 펑여우 진 즈나

Unit 3 감사

감사

💬 고맙습니다. / 고마워.

谢谢。
Xièxie.
시에시에

💬 매우 감사합니다.

非常感谢。
Fēicháng gǎnxiè.
페이창 간시에

💬 여기에서 당신에게 깊은 감사를 표합니다.

在此向您表示深深的感谢。
Zài cǐ xiàng nín biǎoshì shēnshēn de gǎnxiè.
짜이 츠 시앙 닌 뱌오스 선선 더 간시에

💬 어떻게 당신에게 고마움을 전해야 할지 정말 모르겠네요.

真不知道该如何向您表达我的感激之情。
Zhēn bùzhīdào gāi rúhé xiàng nín biǎodá wǒ de gǎnjīzhīqíng.
전 부즈따오 까이 루허 시앙 닌 뱌오다 워 더 간지즈칭

💬 어찌됐든 매우 고맙습니다.

不管怎么样多谢了。
Bùguǎn zěnmeyàng duōxiè le.
뿌구안 쩐머양 뚜어시에 러

💬 감사의 뜻을 전합니다.

请转达我的谢意。
Qǐng zhuǎndá wǒ de xièyì.
칭 주안다 워 더 시에이

💬 당신은 제 생명의 은인이에요.

你是我生命中的恩人。
Nǐ shì wǒ shēngmìng zhōng de ēnrén.
니 스 워 성밍 중 더 언런

💬 제 평생 당신의 은혜를 잊지 못할 거예요.

我一辈子不会忘记您对我的恩情。
Wǒ yíbèizi búhuì wàngjì nín duì wǒ de ēnqíng.
워 이뻬이쯔 부후이 왕지 닌 뚜이 워 더 언칭

💬 마음 써 주셔서, 아주 감사드립니다.

为了我您费心了，太感谢了。
Wèile wǒ nín fèixīn le, tài gǎnxiè le.
웨이러 워 닌 페이신 러, 타이 간시에 러

💬 저를 도와주셔서 대단히 감사드립니다.

万分感谢您对我的帮助。
Wànfēn gǎnxiè nín duì wǒ de bāngzhù.
완펀 간시에 닌 뚜이 워 더 빵주

💬 당신의 관심에 감사합니다.

谢谢您的关心。
Xièxie nín de guānxīn.
시에시에 닌 더 꾸안신

💬 친절하게 대접해 주셔서 감사합니다.

谢谢您的热情款待。
Xièxie nín de rèqíng kuǎndài.
시에시에 닌 더 러칭 쿠안따이

💬 제게 기회를 주셔서 감사합니다.

谢谢您给我机会。
Xièxie nín gěi wǒ jīhuì.
시에시에 닌 게이 워 지후이

💬 저를 위해 방향을 분명히 알려 주셔서 감사합니다.

谢谢您为我指明了方向。
Xièxie nín wèi wǒ zhǐmíng le fāngxiàng.
시에시에 닌 웨이 워 즈밍 러 팡시앙

💬 기다려 주셔서 감사합니다.

谢谢你等我。
Xièxie nǐ děng wǒ.
시에시에 니 덩 워

감사 인사의 대답

💬 천만에요.

不客气。
Bú kèqi.
부 커치

💬 뭘요.

没什么。
Méi shénme.
메이 선머

💬 오히려 제가 감사드립니다.

我倒觉得很感谢你。
Wǒ dào juéde hěn gǎnxiè nǐ.
워 따오 쥐에더 헌 간시에 니

💬 오히려 제가 감사해야죠.

倒是我该谢谢你。
Dàoshì wǒ gāi xièxie nǐ.
따오스 워 까이 시에시에 니

💬 뭐 대단한 일도 아닌데요.

不是什么大事。
Búshì shénme dàshì.
부스 선머 따스

💬 당신을 도울 수 있어서 제 영광입니다.

能帮助你是我的荣幸。
Néng bāngzhù nǐ shì wǒ de róngxìng.
넝 빵주 니 스 워 더 룽싱

Unit 4 사과

사과

💬 미안합니다. / 미안해.

对不起。
Duìbuqǐ.
뚜이부치

不好意思。
Bùhǎoyìsi.
뿌하오이쓰

> '부끄럽다, 쑥스럽다'라는 의미 외에, '미안하다'는 말로도 많이 쓰입니다.

💬 당신에게 사과드립니다.

向您道歉。
Xiàng nín dàoqiàn.
시앙 닌 따오치엔

💬 정말 미안합니다.

真对不起你。
Zhēn duìbuqǐ nǐ.
전 뚜이부치 니

真不好意思。
Zhēn bùhǎoyìsi.
전 뿌하오이쓰

💬 이 일에 대해 매우 죄송하다고 생각합니다.

对这件事我觉得十分抱歉。
Duì zhè jiàn shì wǒ juéde shífēn bàoqiàn.
뚜이 저 지엔 스 워 쥐에더 스펀 빠오치엔

💬 이렇게 오래 기다리게 해서, 죄송합니다.

让您等这么久，很抱歉。
Ràng nín děng zhème jiǔ, hěn bàoqiàn.
랑 닌 덩 저머 지우, 헌 빠오치엔

💬 다음에 다시는 이런 일이 일어나지 않을 것입니다.

以后不会再发生这种事了。
Yǐhòu búhuì zài fāshēng zhè zhǒng shì le.
이허우 부후이 짜이 파성 저 중 스 러

💬 불쾌하게 해 드려서, 죄송합니다.

给您带来不快，我感到很抱歉。
Gěi nín dàilai búkuài, wǒ gǎndào hěn bàoqiàn.
게이 닌 따이라이 부콰이, 워 간따오 헌 빠오치엔

💬 사과드리고 싶어요.

我很想向您表示歉意。
Wǒ hěn xiǎng xiàng nín biǎoshì qiànyì.
워 헌 시앙 시앙 닌 뱌오스 치엔이

잘못 & 실수했을 때

💬 미안해요, 저도 어쩔 수 없어요.

对不起，我也很无奈。
Duìbuqǐ, wǒ yě hěn wúnài.
뚜이부치, 워 이에 헌 우나이

💬 미안해요, 잊었어요.

对不起，我忘了。
Duìbuqǐ, wǒ wàng le.
뚜이부치, 워 왕 러

💬 미안해요, 고의가 아니었어요.

对不起，我不是故意的。
Duìbuqǐ, wǒ búshì gùyì de.
뚜이부치, 워 부스 꾸이 더

💬 설명할 기회를 한 번 주세요.

请给我一个向您解释的机会。
Qǐng gěi wǒ yí ge xiàng nín jiěshì de jīhuì.
칭 게이 워 이 거 시앙 닌 지에스 더 지후이

💬 다시는 비슷한 일이 일어나지 않을 것을 장담합니다.

我保证以后不会再发生类似的事情。
Wǒ bǎozhèng yǐhòu búhuì zài fāshēng lèisì de shìqing.
워 바오정 이허우 부후이 짜이 파성 레이쓰 더 스칭

사과 인사의 대답

💬 괜찮아요.

没关系。
Méi guānxi.
메이 꾸안시

没事儿。
Méi shìr.
메이 스얼

💬 용서할게요.

我原谅你。
Wǒ yuánliàng nǐ.
워 위엔리앙 니

💬 서로 양해하고, 이 일은 지나간 걸로 하죠.

我们互相原谅，让这件事过去吧。
Wǒmen hùxiāng yuánliàng, ràng zhè jiàn shì guòqu ba.
워먼 후시앙 위엔리앙, 랑 저 지엔 스 꾸어취 바

💬 걱정하지 마세요.

请别担心。
Qǐng bié dānxīn.
칭 비에 딴신

💬 당신의 사과를 받아들일게요.

我接受你的道歉。
Wǒ jiēshòu nǐ de dàoqiàn.
워 지에서우 니 더 따오치엔

Unit 5 기타

칭찬

💬 너 잘하는데!

你很棒!
Nǐ hěn bàng!
니 헌 빵!

💬 정말 잘한다!

真棒!
Zhēn bàng!
전 빵!

💬 굉장한데.

了不起。
Liǎobuqǐ.
랴오부치

💬 정말 멋져!

真酷!
Zhēn kù!
전 쿠!

💬 잘했어!

做得好!
Zuò de hǎo!
쭈어 더 하오!

你做得不错!
Nǐ zuò de búcuò!
니 쭈어 더 부추어!

💬 잘됐다!

太好了!
Tài hǎo le!
타이 하오 러!

💬 정말 대단해!

你真厉害!
Nǐ zhēn lìhai!
니 전 리하이!

💬 능력이 뛰어나구나!

你能力很强!
Nǐ nénglì hěn qiáng!
니 넝리 헌 치앙!

💬 정말 재능이 있구나.

你真有本事。
Nǐ zhēn yǒu běnshì.
니 전 여우 번스

💬 못 하는 게 없구나.

你没有做不了的事。
Nǐ méiyǒu zuòbuliǎo de shì.
니 메이여우 쭈어부랴오 더 스

💬 정말 못 하는 게 없구나.

你真是无所不能。
Nǐ zhēnshi wúsuǒbúnéng.
니 전스 우쑤어뿌넝

부탁

💬 일 좀 부탁해도 될까?

我能拜托你点事吗？
Wǒ néng bàituō nǐ diǎn shì ma?
워 넝 빠이투어 니 디엔 스 마?

💬 네 것을 빌려줄 수 있어?

能把你的借给我吗？
Néng bǎ nǐde jiè gěi wǒ ma?
넝 바 니더 지에 게이 워 마?

💬 창문 좀 열어 줄래?

能开一下窗户吗？
Néng kāi yíxià chuānghu ma?
넝 카이 이시아 추앙후 마?

💬 함께 갈래?

一起去怎么样？
Yìqǐ qù zěnmeyàng?
이치 취 쩐머양?

💬 미안하지만, 마실 것 좀 줄래요?

不好意思，能给我点喝的吗？
Bùhǎoyìsī, néng gěi wǒ diǎn hēde ma?
뿌하오이쓰, 넝 게이 워 디엔 허더 마?

재촉

💬 어서.

快点。
Kuài diǎn.
콰이 디엔

💬 우리는 서둘러야 해.

我们得赶紧了。
Wǒmen děi gǎnjǐn le.
워먼 데이 간진 러

💬 제가 좀 급해서요.

我有点急。
Wǒ yǒudiǎn jí.
워 여우디엔 지

💬 좀 더 서둘러 주세요.

请再快点。
Qǐng zài kuài diǎn.
칭 짜이 콰이 디엔

💬 늦겠어.

来不及了。
Láibují le.
라이부지 러

추측

💬 그럴 줄 알았어.

就知道会这样。
Jiù zhīdào huì zhèyàng.
지우 즈따오 후이 저양

💬 네가 맞았어.

你猜对了。
Nǐ cāiduì le.
니 차이뚜이 러

💬 우리가 예상한 것과 같아.

跟我们预想的一样。
Gēn wǒmen yùxiǎngde yíyàng.
껀 워먼 위시앙더 이양

💬 나는 그저 추측해 봤을 뿐이에요.

我只是猜猜。
Wǒ zhǐshì cāicai.
워 즈스 차이차이

💬 가능성은 적어요.

可能性很小。
Kěnéngxìng hěn xiǎo.
커넝싱 헌 샤오

💬 네가 올 줄은 생각도 못했어.

我没想到你会来。
Wǒ méi xiǎngdào nǐ huì lái.
워 메이 시앙따오 니 후이 라이

💬 그 일은 의외예요.

那件事很意外。
Nà jiàn shì hěn yìwài.
나 지엔 스 헌 이와이

동정

💬 너무 아쉽네요.

太可惜了。
Tài kěxī le.
타이 커시 러

💬 정말 유감이네요.

真遗憾。
Zhēn yíhàn.
전 이한

💬 너무 실망하지 마세요.

别太失望了。
Bié tài shīwàng le.
비에 타이 스왕 러

💬 운이 안 좋았어요.

运气不佳。
Yùnqì bù jiā.
윈치 뿌 지아

💬 그거 너무 안됐군요.

那太惨了。
Nà tài cǎn le.
나 타이 찬 러

那太糟了。
Nà tài zāo le.
나 타이 짜오 러

💬 불쌍한 사람아!

好可怜的人啊!
Hǎo kělián de rén a!
하오 커리엔 더 런 아!

비난

💬 부끄러운 줄 모르는구나.

不知羞耻。
Bùzhī xiūchǐ.
뿌즈 시우츠

💬 바보.

傻瓜。
Shǎguā.
사꾸아

💬 너는 정말 어리석어.

你真傻。
Nǐ zhēn shǎ
니 전 사

💬 미쳤구나.

你疯了啊。
Nǐ fēng le a.
니 펑 러 아

💬 생각이 없니?

你没脑子吗?
Nǐ méi nǎozi ma?
니 메이 나오쯔 마?

💬 철면피구나.

脸皮真厚。
Liǎnpí zhēn hòu.
리엔피 전 허우

真不要脸。
Zhēn búyào liǎn.
전 부야오 리엔

💬 정말 구역질 나.

真恶心。
Zhēn ěxīn.
전 어신

💬 어떻게 이럴 수 있지?

怎么会这样?
Zěnme huì zhèyàng?
쩐머 후이 저양?

💬 어찌 감히 나한테 이렇게 말할 수 있니?

怎么敢对我这么说话?
Zěnme gǎn duì wǒ zhème shuōhuà?
쩐머 간 뚜이 워 저머 수어후아?

💬 정말 유치해.

真幼稚。
Zhēn yòuzhì.
전 여우즈

💬 철 좀 들어라.

懂点事吧。
Dǒng diǎn shì ba.
둥 디엔 스 바

💬 정말 너란 건.

你真不是个东西。
Nǐ zhēn búshì ge dōngxi.
니 전 부스 거 뚱시

Chapter 2
무슨 말을 꺼낼까?

Unit 1   하루 생활
Unit 2   집
Unit 3   운전 & 교통

Unit 1 하루 생활

일어나기

💬 일어나야 해.

该起床了。
Gāi qǐchuáng le.
까이 치추앙 러

💬 일어났니?

起来了吗?
Qǐlái le ma?
치라이 러 마?

💬 막 일어났어요.

我刚起床。
Wǒ gāng qǐchuáng.
워 깡 치추앙

💬 일어나, 그렇지 않으면 늦을 거야.

起来吧，要不就来不及了。
Qǐlái ba, yàobù jiù láibují le.
치라이 바, 야오뿌 지우 라이부지 러

💬 왜 안 깨웠어요?

你怎么不叫我？
Nǐ zěnme bú jiào wǒ?
니 쩐머 부 쟈오 워?

💬 내일 아침에 좀 일찍 깨워 줘요.

明天早上早点叫我。
Míngtiān zǎoshang zǎo diǎn jiào wǒ.
밍티엔 짜오상 짜오 디엔 쟈오 워

💬 나는 일찍 일어난다.

我起得很早。
Wǒ qǐ de hěn zǎo.
워 치 더 헌 짜오

💬 나는 아침형 인간이다.

我是早起的鸟儿。
Wǒ shì zǎoqǐ de niǎor.
워 스 짜오치 더 냐올

💬 나는 보통 아침 6시에 일어난다.

我一般早上6点起床。
Wǒ yìbān zǎoshang liù diǎn qǐchuáng.
워 이빤 짜오상 리우 디엔 치추앙

💬 나는 때때로 아침에 못 일어난다.

我有时早上起不来。
Wǒ yǒushí zǎoshang qǐbulái.
워 여우스 짜오상 치부라이

💬 나는 아침에 자명종이 있어야 깬다.

我早上有闹钟才能叫醒我。
Wǒ zǎoshang yǒu nàozhōng cái néng jiàoxǐng wǒ.
워 짜오상 여우 나오중 차이 넝 쟈오싱 워

세면 & 양치

💬 먼저 손을 씻어라.

先洗手。
Xiān xǐshǒu.
시엔 시서우

💬 세수를 해야 완전히 잠을 깬다.

我得洗把脸让自己完全醒过来。
Wǒ děi xǐ bǎ liǎn ràng zìjǐ wánquán xǐngguòlai.
워 데이 시 바 리엔 랑 쯔지 완취엔 싱꾸어라이

💬 세수하고 있는데, 수건 좀 줄래?

我在洗脸，给我毛巾，好吗？
Wǒ zài xǐliǎn, gěi wǒ máojīn, hǎo ma?
워 짜이 시리엔, 게이 워 마오진, 하오 마?

💬 하루에 세 번 이를 닦아야 한다.

一天要刷三次牙。
Yì tiān yào shuā sān cì yá.
이 티엔 야오 수아 싼 츠 야

💬 식사 후에, 양치하는 것 잊지 마.

吃饭后，不要忘记刷牙。
Chīfàn hòu, búyào wàngjì shuāyá.
츠판 허우, 부야오 왕지 수아야

💬 새 칫솔을 써도 될까?

我可以用新牙刷吗？
Wǒ kěyǐ yòng xīn yáshuā ma?
워 커이 융 신 야수아 마?

샤워 & 목욕

💬 나는 매일 목욕한다.

我每天洗澡。
Wǒ měitiān xǐzǎo.
워 메이티엔 시짜오

💬 어서 목욕해라.

快洗澡吧。
Kuài xǐzǎo ba.
콰이 시짜오 바

💬 그는 서둘러 목욕했다.

他匆忙地洗了个澡。
Tā cōngmángde xǐ le ge zǎo.
타 충망더 시 러 거 짜오

💬 너는 샤워를 너무 오래 해.

你洗澡洗得太久了。
Nǐ xǐzǎo xǐ de tài jiǔ le.
니 시짜오 시 더 타이 지우 러

💬 찬물로 목욕하는 것은 건강에 좋은 점이 있다.

用冷水洗澡对健康有好处。
Yòng lěngshuǐ xǐzǎo duì jiànkāng yǒu hǎochù.
융 렁수이 시짜오 뚜이 지엔캉 여우 하오추

머리 감기

💬 오늘 아침에 머리 감을 시간이 없어.

今早没有洗头的时间了。
Jīnzǎo méiyǒu xǐtóu de shíjiān le.
진짜오 메이여우 시터우 더 스지엔 러

💬 나는 아침에 머리를 감는 습관이 있다.

我有早上洗头发的习惯。
Wǒ yǒu zǎoshang xǐ tóufà de xíguàn.
워 여우 짜오상 시 터우파 더 시꾸안

💬 나는 보통 저녁에 머리를 감아, 아침에 시간이 없기 때문이지.

我一般晚上洗头，因为早上没时间。
Wǒ yìbān wǎnshang xǐtóu, yīnwèi zǎoshang méi shíjiān.
워 이빤 완상 시터우, 인웨이 짜오상 메이 스지엔

💬 어서 머리 감아라.

快洗头发吧。
Kuài xǐ tóufa ba.
콰이 시 터우파 바

💬 머리를 다 감고 나서, 바로 말려야 한다.

洗完头发后，就得吹干。
Xǐwán tóufa hòu, jiù děi chuīgàn.
시완 터우파 허우, 지우 데이 추이깐

식사

💬 아침 식사 준비 다 됐어요.

早饭准备好了。
Zǎofàn zhǔnbèihǎo le.
짜오판 준뻬이하오 러

💬 나는 아침 식사를 안 한다.

我从来不吃早饭。
Wǒ cónglái bù chī zǎofàn.
워 충라이 뿌 츠 짜오판

💬 오늘 아침은 식사할 기분이 아니다.

今早没心情吃饭。
Jīnzǎo méi xīnqíng chīfàn.
진짜오 메이 신칭 츠판

💬 밥을 남기지 마.

别剩饭。
Bié shèng fàn.
비에 성 판

💬 밥 더 줄까?

要不要再给你点饭？
Yàobuyào zài gěi nǐ diǎn fàn?
야오부야오 짜이 게이 니 디엔 판?

💬 밥 다 먹었니?

你吃完饭了吗？
Nǐ chīwán fàn le ma?
니 츠완 판 러 마?

💬 아직 식사를 못해서, 배에서 꼬르륵 소리가 나고 있어.

我还没吃饭，肚子咕噜咕噜叫着。
Wǒ hái méi chīfàn, dùzi gūlūgūlū jiàozhe.
워 하이 메이 츠판, 뚜쯔 꾸루꾸루 쟈오저

💬 편식하지 마.

别挑食。
Bié tiāoshí.
비에 탸오스

💬 점심은 각자 내자.

午餐各付各的吧。
Wǔcān gèfùgède ba.
우찬 꺼푸꺼더 바

💬 내가 한턱낼게.

我请你吃饭。
Wǒ qǐng nǐ chīfàn.
워 칭 니 츠판

💬 우리 같이 저녁 먹을래?

我们一起吃晚饭，好吗?
Wǒmen yìqǐ chī wǎnfàn, hǎo ma?
워먼 이치 츠 완판, 하오 마?

💬 맛 어때요?

味道怎么样?
Wèidào zěnmeyàng?
웨이따오 쩐머양?

💬 이 요리는 당신 입맛에 맞나요?

这个菜合你的口味吗?
Zhè ge cài hé nǐ de kǒuwèi ma?
저 거 차이 허 니 더 커우웨이 마?

💬 네가 좋아하는 걸 만들었어, 어때?

做了你喜欢吃的，怎么样?
Zuò le nǐ xǐhuan chīde, zěnmeyàng?
쭈어 러 니 시후안 츠더, 쩐머양?

💬 저녁 식사로 불고기를 준비했어요.

晚饭准备的是烤肉。
Wǎnfàn zhǔnbèide shì kǎoròu.
완판 준뻬이더 스 카오러우

💬 이것은 제가 준비한 저녁이에요. 많이 드세요.

这是我准备的晚饭，多吃点。
Zhè shì wǒ zhǔnbèi de wǎnfàn, duō chī diǎn.
저 스 워 준뻬이 더 완판, 뚜어 츠 디엔

💬 음식 냄새 때문에 군침이 돈다.

饭菜的香味让我垂涎三尺。
Fàncài de xiāngwèi ràng wǒ chuíxiánsānchǐ.
판차이 더 시앙웨이 랑 워 추이시엔싼츠

옷 입기

💬 오늘 뭘 입으면 좋을까?

今天穿什么好呢？
Jīntiān chuān shénme hǎo ne?
진티엔 추안 선머 하오 너?

💬 그는 항상 같은 옷이다.

他总是穿同一件衣服。
Tā zǒngshì chuān tóng yí jiàn yīfu.
타 쫑스 추안 퉁 이 지엔 이푸

💬 이 원피스는 너한테 잘 어울려.

这件连衣裙很适合你。
Zhè jiàn liányīqún hěn shìhé nǐ.
저 지엔 리엔이췬 헌 스허 니

💬 이 바지는 너무 낀다.

这条裤子太紧了。
Zhè tiáo kùzi tài jǐn le.
저 탸오 쿠쯔 타이 진 러

💬 아이가 옷 입는 것을 도와주세요.

请帮孩子穿衣服。
Qǐng bāng háizi chuān yīfu.
칭 빵 하이쯔 추안 이푸

💬 오늘 추워서, 나는 외투를 입고 나가야겠다.

今天很冷，我要穿大衣出去。
Jīntiān hěn lěng, wǒ yào chuān dàyī chūqu.
진티엔 헌 렁, 워 야오 추안 따이 추취

- 집이 따뜻하니, 외투를 벗어요.

    家里很暖和，把外衣脱了吧。
    Jiāli hěn nuǎnhuo, bǎ wàiyī tuō le ba.
    지아리 헌 누안후어, 바 와이이 투어 러 바

- 파란색 모자를 쓰면, 어때?

    戴蓝色的帽子，怎么样？
    Dài lánsè de màozi, zěnmeyàng?
    따이 란써 더 마오쯔, 쩐머양?

- 어떤 넥타이를 매면 좋을까?

    戴哪条领带好呢？
    Dài nǎ tiáo lǐngdài hǎo ne?
    따이 나 탸오 링따이 하오 너?

- 오늘 머리부터 발끝까지 검게 입었어.

    今天穿了一身黑。
    Jīntiān chuān le yì shēn hēi.
    진티엔 추안 러 이 선 헤이

화장 & 꾸미기

💬 화장해야 해.

得化妆。
Děi huàzhuāng.
데이 후아주앙

💬 아침에 화장할 시간이 없어.

早上没有时间化妆了。
Zǎoshang méiyǒu shíjiān huàzhuāng le.
짜오상 메이여우 스지엔 후아주앙 러

💬 화장 안 하고 와도 괜찮아.

不化妆来也可以。
Bú huàzhuāng lái yě kěyǐ.
부 후아주앙 라이 이에 커이

💬 그녀는 보통 화장하는 데 한 시간 걸린다.

她一般化妆要用一个小时。
Tā yìbān huàzhuāng yào yòng yí ge xiǎoshí.
타 이빤 후아주앙 야오 융 이 거 샤오스

💬 괜찮게 꾸몄는데.

你打扮得不错。
Nǐ dǎban de búcuò.
니 다반 더 부추어

💬 그녀는 유행에 맞게 꾸몄다.

她打扮得很时髦。
Tā dǎban de hěn shímáo.
타 다반 더 헌 스마오

TV 시청

💬 오늘 저녁에 텔레비전에서 무슨 프로그램이 있니?

今晚电视有什么节目？
Jīnwǎn diànshì yǒu shénme jiémù?
진완 띠엔스 여우 선머 지에무?

💬 CCTV 채널에서 뭘 방송하고 있니?

中央电视台一套播什么呢？
Zhōngyāng diànshìtái yí tào bō shénme ne?
중양 띠엔스타이 이 타오 뽀 선머 너?

- 좋아하는 TV 프로그램이 있니?

    你有什么喜欢的电视节目吗?
    Nǐ yǒu shénme xǐhuan de diànshì jiémù ma?
    니 여우 선머 시후안 더 띠엔스 지에무 마?

- 채널을 바꿔라.

    换个台吧。
    Huàn ge tái ba.
    후안 거 타이 바

- 채널 바꾸지 마.

    别换台了。
    Bié huàn tái le.
    비에 후안 타이 러

- 리모콘을 건네 줘.

    请把遥控器递给我。
    Qǐng bǎ yáokòngqì dìgěi wǒ.
    칭 바 야오쿵치 띠게이 워

잠자리 들기

💬 자야겠어.

该睡觉了。
Gāi shuìjiào le.
까이 수이쟈오 러

💬 자러 가야겠어.

我得去睡了。
Wǒ děi qù shuì le.
워 데이 취 수이 러

💬 잠자리를 준비할까요?

我去给你铺床好不好?
Wǒ qù gěi nǐ pùchuáng hǎobuhǎo?
워 취 게이 니 푸추앙 하오부하오?

💬 아직 안 자니? 벌써 한밤중이야.

还不睡啊? 都半夜了。
Hái bú shuì a? Dōu bànyè le.
하이 부 수이 아? 떠우 빤이에 러

💬 불 좀 꺼 줄래?

帮我关下灯好吗?
Bāng wǒ guānxià dēng hǎo ma?
빵 워 꾸안시아 떵 하오 마?

잠버릇

💬 남편의 잠버릇은 좋지 않다.

丈夫的睡眠习惯不好。
Zhàngfu de shuìmián xíguàn bù hǎo.
장푸 더 수이미엔 시꾸안 뿌 하오

💬 너는 코를 심하게 곤다.

你打呼噜打得很厉害。
Nǐ dǎhūlū dǎ de hěn lìhài.
니 다후루 다 더 헌 리하이

你打呼噜打得惊天动地的。
Nǐ dǎhūlū dǎ de jīngtiāndòngdì de.
니 다후루 다 더 징티엔똥띠 더

💬 그는 막 잠들자마자 코를 골기 시작한다.

他刚睡着就开始打呼噜。
Tā gāng shuìzháo jiù kāishǐ dǎhūlū.
타 깡 수이자오 지우 카이스 다후루

💬 리리는 잘 때 종종 몸을 뒤척인다.

丽丽睡觉常常翻身。
Lìlì shuìjiào chángcháng fānshēn.
리리 수이쟈오 창창 판선

💬 나는 가끔 잠꼬대를 한다.

我偶尔会说梦话。
Wǒ ǒu'ěr huì shuō mènghuà.
워 어우얼 후이 수어 멍후아

💬 너는 어젯밤에 이 갈았어.

你昨晚磨牙了。
Nǐ zuówǎn móyá le.
니 쭈어완 모야 러

잠자기

💬 어젯밤에 푹 잤어요.

昨晚好好儿地睡了一大觉。
Zuówǎn hǎohāorde shuì le yí dàjiào.
쭈어완 하오하올더 수이 러 이 따쟈오

💬 나는 항상 불면증에 시달린다.

我总是失眠。
Wǒ zǒngshì shīmián.
워 쭝스 스미엔

💬 잘 못 잤니?

你睡得不好吗？
Nǐ shuì de bù hǎo ma?
니 수이 더 뿌 하오 마?

💬 최근 잠을 잘 못 잔다.

最近睡得不太好。
Zuìjìn shuì de bútài hǎo.
쭈이진 수이 더 부타이 하오

💬 자는 것은 피로 회복에 가장 좋은 방법이다.

睡觉是恢复疲劳最好的办法。
Shuìjiào shì huīfù píláo zuìhǎo de bànfǎ.
수이쟈오 스 후이푸 피라오 쭈이 하오 더 빤파

꿈

💬 잘 자, 좋은 꿈 꿔!

晚安，好梦！
Wǎn'ān, hǎomèng!
완안, 하오멍!

💬 나는 가끔 그의 꿈을 꾼다.

我偶尔会梦见他。
Wǒ ǒu'ěr huì mèngjiàn tā.
워 어우얼 후이 멍지엔 타

💬 어제 이상한 꿈을 꿨다.

昨天做了一个奇怪的梦。
Zuótiān zuò le yí ge qíguài de mèng.
쭈어티엔 쭈어 러 이 거 치꽈이 더 멍

💬 나는 악몽을 꿨다.

我做了噩梦。
Wǒ zuò le èmèng.
워 쭈어 러 어멍

💬 그는 가끔 악몽에 시달린다.

他偶尔被噩梦困扰。
Tā ǒu'ěr bèi èmèng kùnrǎo.
타 어우얼 뻬이 어멍 쿤라오

Unit 2 집

화장실 사용

💬 화장실이 어디 있죠?

洗手间在哪儿?
Xǐshǒujiān zài nǎr?
시서우지엔 짜이 나알?

💬 화장실에 다녀올게요.

我去趟洗手间。
Wǒ qù tàng xǐshǒujiān.
워 취 탕 시서우지엔

💬 화장실에 사람 있어요.

洗手间里有人。
Xǐshǒujiānli yǒu rén.
시서우지엔리 여우 런

💬 화장실 좀 써도 돼요?

我能用一下洗手间吗?
Wǒ néng yòng yíxià xǐshǒujiān ma?
워 넝 용 이시아 시서우지엔 마?

💬 나는 화장실에 자주 가.

我常常去洗手间。
Wǒ chángcháng qù xǐshǒujiān.
워 창창 취 시서우지엔

화장실 에티켓

💬 변기 물을 꼭 내리세요.

请务必冲水。
Qǐng wùbì chōngshuǐ.
칭 우삐 충수이

💬 변기에 토하지 마세요.

请不要在马桶里呕吐。
Qǐng búyào zài mǎtǒngli ǒutù.
칭 부야오 짜이 마퉁리 어우투

💬 사용한 휴지는 휴지통에 버리세요.

用过的手纸请扔在垃圾桶里。
Yòngguo de shǒuzhǐ qǐng rēng zài lājītǒngli.
용구어 더 서우즈 칭 렁 짜이 라지퉁리

💬 휴지를 아끼세요.

请节约手纸。
Qǐng jiéyuē shǒuzhǐ.
칭 지에위에 서우즈

💬 아무 곳에 가래를 뱉지 마세요.

请不要随地吐痰。
Qǐng búyào suídì tǔtán.
칭 부야오 쑤이띠 투탄

대소변

💬 그는 화장실에서 소변을 보았다.

他在洗手间小便了。
Tā zài xǐshǒujiān xiǎobiàn le.
타 짜이 시서우지엔 샤오삐엔 러

💬 소변 금지.

禁止小便。
Jìnzhǐ xiǎobiàn.
진즈 샤오삐엔

💬 화장실에서 대변을 보았다.

我在洗手间大便了。
Wǒ zài xǐshǒujiān dàbiàn le.
워 짜이 시서우지엔 따삐엔 러

💬 사흘 동안 대변을 보지 못했다.

三天没大便了。
Sān tiān méi dàbiàn le.
싼 티엔 메이 따삐엔 러

💬 대변을 보고 싶다.

我想大便。
Wǒ xiǎng dàbiàn.
워 시앙 따삐엔

我想拉屎。
Wǒ xiǎng lāshǐ.
워 시앙 라스

人 拉屎는 회화에서 많이 쓰는 표현입니다.

욕실 & 화장실 문제

💬 화장실의 배수관이 막혔어요.

洗手间的排水管堵了。
Xǐshǒujiān de páishuǐguǎn dǔ le.
시서우지엔 더 파이수이구안 두 러

💬 욕실의 배수관에 문제가 생겼어요.

浴室的排水管出毛病了。
Yùshì de páishuǐguǎn chū máobìng le.
위스 더 파이수이구안 추 마오삥 러

💬 수도꼭지가 안 잠겨요.

水龙头关不上了。
Shuǐlóngtóu guānbushàng le.
수이룽터우 꾸안부상 러

💬 변기가 막혔어요.

马桶堵了。
Mǎtǒng dǔ le.
마통 두 러

💬 화장실에 휴지가 없어요.

洗手间没有手纸。
Xǐshǒujiān méiyǒu shǒuzhǐ.
시서우지엔 메이여우 서우즈

💬 욕실의 전등이 켜지지 않아요.

浴室的灯不亮了。
Yùshì de dēng bú liàng le.
위스 더 떵 부 리앙 러

거실

💬 저녁 식사 후 가족들은 함께 거실에서 커피를 마신다.

晚饭后家人们一起在客厅喝咖啡。
Wǎnfàn hòu jiārénmen yìqǐ zài kètīng hē kāfēi.
완판 허우 지아런먼 이치 짜이 커팅 허 카페이

💬 거실이 좀 더 넓으면 좋겠어요.

客厅再宽敞点就好了。
Kètīng zài kuānchǎng diǎn jiù hǎo le.
커팅 짜이 쿠앙창 디엔 지우 하오 러

💬 거실에 TV가 있어요.

客厅里有电视。
Kètīngli yǒu diànshì.
커팅리 여우 띠엔스

💬 거실이 너무 어질러졌어요.

客厅太乱了。
Kètīng tài luàn le.
커팅 타이 루안 러

💬 거실을 다시 좀 꾸며야겠어요.

客厅应该重新装饰一下。
Kètīng yīnggāi chóngxīn zhuāngshì yíxià.
커팅 잉까이 충신 주앙스 이시아

냉장고

💬 남은 밥은 냉장고에 둬.

把剩饭放在冰箱里。
Bǎ shèngfàn fàng zài bīngxiāngli.
바 성판 팡 짜이 삥시앙리

💬 냉장고 문이 열려 있네, 문 좀 닫아라.

冰箱门开着呢，把门关上吧。
Bīngxiāng mén kāizhe ne, bǎ mén guānshàng ba.
삥시앙 먼 카이저 너, 바 먼 꾸안상 바

💬 우리 집 냉장고는 가공식품으로 가득하다.

我们家冰箱里塞满了加工食品。
Wǒmen jiā bīngxiānglǐ sāimǎn le jiāgōng shípǐn.
워먼 지아 삥시앙리 싸이만 러 지아꿍 스핀

💬 이 냉장고의 용량은 얼마예요?

这个冰箱的容积是多少?
Zhè ge bīngxiāng de róngjī shì duōshǎo?
저 거 삥시앙 더 룽지 스 뚜어사오?

💬 냉장고가 고장 나서, 냉동실 얼음이 녹았어요.

冰箱出故障了，冷冻室里的冰都化了。
Bīngxiāng chū gùzhàng le, lěngdòngshìli de bīng dōu huà le.
삥시앙 추 꾸장 러, 렁뚱스리 더 삥 떠우 후아 러

식사 준비

💬 저녁 식사를 준비하고 있어요.

我正在准备晚饭。
Wǒ zhèngzài zhǔnbèi wǎnfàn.
워 정짜이 준뻬이 완판

💬 오늘 저녁에 뭐 먹을까?

今天晚饭吃什么?
Jīntiān wǎnfàn chī shénme?
진티엔 완판 츠 선머?

💬 저녁 식사가 곧 준비돼요. 좀 기다려 주세요.

晚饭马上就好，请稍等。
Wǎnfàn mǎshàng jiù hǎo, qǐng shāoděng.
완판 마상 지우 하오, 칭 사오덩

💬 10여 분 후에 저녁이 다 준비됩니다.

十几分钟以后晚饭就准备好了。
Shí jǐ fēnzhōng yǐhòu wǎnfàn jiù zhǔnbèihǎo le.
스 지 펀중 이허우 완판 지우 준뻬이하오 러

💬 식탁 차리는 것을 좀 도와줘.

帮我摆一下桌。
Bāng wǒ bǎi yíxià zhuō.
빵 워 바이 이시아 주어

요리

💬 이 요리를 어떻게 만들었는지 알려 줄 수 있어요?

能不能教我怎么做这道菜?
Néngbunéng jiāo wǒ zěnme zuò zhè dào cài?
넝부넝 쟈오 워 쩐머 쭈어 저 따오 차이?

💬 이것은 엄마에게 배운 레시피일 뿐이에요.

这只是跟妈妈学的做菜方法而已。
Zhè zhǐshì gēn māma xué de zuòcài fāngfǎ éryǐ.
저 즈스 껀 마마 쉬에 더 쭈어차이 팡파 얼이

💬 요리하는 것 가르쳐 줄 수 있어요?

你能教我做菜吗?
Nǐ néng jiāo wǒ zuòcài ma?
니 넝 쟈오 워 쭈어차이 마?

💬 이건 어떻게 구웠죠?

这个怎么烤呢？
Zhè ge zěnme kǎo ne?
저 거 쩐머 카오 너?

💬 이 레시피를 따라 하세요.

请按照这个做菜的方法做。
Qǐng ànzhào zhè ge zuòcài de fāngfǎ zuò.
칭 안자오 저 거 쭈어차이 더 팡파 쭈어

식사 예절

💬 잘 먹었어요.

吃得非常好。
Chī de fēicháng hǎo.
츠 더 페이창 하오

💬 밥 먹기 전에 손을 씻어라.

饭前洗手。
Fànqián xǐshǒu.
판치엔 시서우

💬 입에 밥이 있을 때 말하지 말아라.

嘴里有饭的时候不要说话。
Zuǐli yǒu fàn de shíhou búyào shuōhuà.
쭈이리 여우 판 더 스허우 부야오 수어후아

💬 밥을 남기지 마라.

不要剩饭。
Búyào shèng fàn.
부야오 성 판

💬 팔꿈치를 식탁 위에 올려놓지 마라.

别把胳膊肘放在饭桌上。
Bié bǎ gēbózhǒu fàng zài fànzhuōshang.
비에 바 꺼보저우 팡 짜이 판주어상

설거지

💬 식탁 치우는 것을 좀 도와줄래요?

能帮我收拾一下餐桌吗?
Néng bāng wǒ shōushi yíxià cānzhuō ma?
넝 빵 워 서우스 이시아 찬주어 마?

💬 그릇을 개수대에 놓아 주세요.

把碗放到洗碗池里。
Bǎ wǎn fàngdào xǐwǎnchíli.
바 완 팡따오 시완츠리

💬 식탁을 다 치우고 그릇을 식기세척기에 넣어라.

桌子收拾了以后再把碗放到洗碗机里。
Zhuōzi shōushi le yǐhòu zài bǎ wǎn fàngdào xǐwǎnjīli.
주어쯔 서우스 러 이허우 짜이 바 완 팡따오 시완지리

💬 내가 설거지할게.

我来洗碗。
Wǒ lái xǐwǎn.
워 라이 시완

💬 그는 설거지를 도와준다고 말했다.

他说他帮我洗碗。
Tā shuō tā bāng wǒ xǐwǎn.
타 수어 타 빵 워 시완

주방용품

💬 이 아파트의 부엌은 모든 설비가 잘 갖춰져 있다.

这个公寓的厨房设备齐全。
Zhè ge gōngyù de chúfáng shèbèi qíquán.
저 거 꿍위 더 추팡 서뻬이 치취엔

💬 그 냄비들은 찬장에 가지런히 있다.

那些锅整齐地摆在橱柜上。
Nàxiē guō zhěngqíde bǎi zài chúguì shang.
나시에 꾸어 정치더 바이 짜이 추꾸이 상

💬 프라이팬은 크기별로 정리되어 있다.

煎锅都按大小整理好了。
Jiānguō dōu àn dàxiǎo zhěnglǐ hǎo le.
지엔꾸어 떠우 안 따샤오 정리 하오 러

💬 이 식기들을 주의해 주세요.

请注意这些餐具。
Qǐng zhùyì zhèxiē cānjù.
칭 주이 저시에 찬쥐

💬 프라이팬은 쓰면 쓸수록 쓰기 좋다.

煎锅越用越好用。
Jiānguō yuè yòng yuè hǎoyòng.
지엔꾸어 위에 융 위에 하오융

전자레인지 & 가스레인지

💬 전자레인지는 현대인의 생활 필수품이다.

微波炉是现代人生活的必需品。
Wēibōlú shì xiàndàirén shēnghuó de bìxūpǐn.
웨이뽀루 스 시엔따이런 셩후어 더 삐쉬핀

💬 전자레인지의 사용은 요리 시간을 많이 줄였다.

微波炉的使用大大缩短了做菜的时间。
Wēibōlú de shǐyòng dàdà suōduǎn le zuòcài de shíjiān.
웨이뽀루 더 스융 따따 쑤어두안 러 쭈어차이 더 스지엔

💬 전자레인지는 금속 용기를 사용하면 안 됩니다.

微波炉不能使用金属容器。
Wēibōlú bùnéng shǐyòng jīnshǔ róngqì.
웨이뽀루 뿌넝 스융 진수 룽치

💬 리리는 가스레인지를 켰다.

丽丽点燃了煤气灶。
Lìlì diǎnrán le méiqìzào.
리리 디엔란 러 메이치짜오

💬 아이들이 가스레인지를 사용하게 하지 마십시오.

别让孩子用煤气灶。
Bié ràng háizi yòng méiqìzào.
비에 랑 하이쯔 융 메이치짜오

위생

💬 식사 전에 비누로 손을 씻어라.

饭前用香皂把手洗干净。
Fànqián yòng xiāngzào bǎ shǒu xǐ gānjìng.
판치엔 융 시앙짜오 바 서우 시 깐징

💬 그녀는 집에 돌아오면 먼저 손을 씻는다.

她回家后先洗手。
Tā huíjiā hòu xiān xǐshǒu.
타 후이지아 허우 시엔 시서우

💬 외출하고 집에 돌아오면 손을 씻는 것이 독감을 예방할 수 있는 가장 좋은 방법이다.

外出回家后洗手是最好的预防流感的方法。
Wàichū huíjiā hòu xǐshǒu shì zuì hǎo de yùfáng liúgǎn de fāngfǎ.
와이추 후이지아 허우 시서우 스 쭈이 하오 더 위팡 리우간 더 팡파

💬 그들은 좋은 위생 습관이 없다.

他们没有好的卫生习惯。
Tāmen méiyǒu hǎo de wèishēng xíguàn.
타먼 메이여우 하오 더 웨이성 시꾸안

💬 그녀는 결벽증이 있어요.

她有洁癖。
Tā yǒu jiépǐ.
타 여우 지에피

청소

💬 청소기로 청소 좀 해야 한다.

该用吸尘器打扫一下了。
Gāi yòng xīchénqì dǎsǎo yíxià le.
까이 융 시천치 다싸오 이시아 러

💬 선반의 먼지를 깨끗이 닦을래?

能把架子上的灰尘擦干净吗?
Néng bǎ jiàzishang de huīchén cā gānjìng ma?
넝 바 지아쯔상 더 후이천 차 깐징 마?

💬 나는 매일 방을 청소한다.

我每天打扫房间。
Wǒ měitiān dǎsǎo fángjiān.
워 메이티엔 다싸오 팡지엔

💬 방 청소는 원래 네 일이잖아.

打扫房间本来就是你的事嘛。
Dǎsǎo fángjiān běnlái jiùshì nǐ de shì ma.
다싸오 팡지엔 번라이 지우스 니 더 스 마

💬 나는 매달 한 번 대청소를 한다.

我每个月一次大扫除。
Wǒ měi ge yuè yí cì dàsǎochú.
워 메이 거 위에 이 츠 따싸오추

💬 오늘 온 가족이 함께 대청소를 했다.

今天全家一起大扫除了。
Jīntiān quánjiā yìqǐ dàsǎochú le.
진티엔 취엔지아 이치 따싸오추 러

💬 청소하는 걸 도와주세요.

请帮我打扫。
Qǐng bāng wǒ dàsǎo.
칭 빵 워 다싸오

💬 방이 너무 어지럽네, 우리 좀 정리하자.

房间太乱了，我们收拾一下。
Fángjiān tài luàn le, wǒmen shōushi yíxià.
팡지엔 타이 루안 러, 워먼 서우스 이시아

💬 집 안팎으로 다 청소를 잘했다.

屋里屋外都打扫好了。
Wūlǐwūwài dōu dǎsǎohǎo le.
우리우와이 떠우 다싸오하오 러

💬 우선 여기부터 청소합시다.

先从这儿开始打扫吧。
Xiān cóng zhèr kāishǐ dǎsǎo ba.
시엔 충 저얼 카이스 다싸오 바

💬 방이 청소를 하지 않아도 깨끗하면 좋겠어요.

要是房间不打扫也能保持干净就好了。
Yàoshì fángjiān bù dǎsǎo yě néng bǎochí gānjìng jiù hǎo le.
야오스 팡지엔 뿌 다싸오 이에 넝 바오츠 깐징 지우 하오 러

쓰레기 버리기

💬 왜 쓰레기를 안 버렸니?

怎么不倒垃圾?
Zěnme bú dào lājī?
쩐머 부 따오 라지?

💬 쓰레기 좀 버려 줄래요?

你能倒一下垃圾吗?
Nǐ néng dào yíxià lājī ma?
니 넝 따오 이시아 라지 마?

💬 쓰레기를 버릴 때 분류하세요.

扔垃圾时要分类。
Rēng lājī shí yào fēnlèi.
렁 라지 스 야오 펀레이

💬 쓰레기는 분류했어요?

垃圾分类了吗?
Lājī fēnlèi le ma?
라지 펀레이 러 마?

💬 재활용 쓰레기는 어디에 버려요?

可回收的垃圾扔在哪里?
Kě huíshōu de lājī rēng zài nǎli?
커 후이서우 더 라지 렁 짜이 나리?

세탁

💬 오늘 빨래해야 한다.

今天得洗衣服了。
Jīntiān děi xǐ yīfu le.
진티엔 데이 시 이푸 러

💬 빨아야 하는 것은 세탁기에 넣어라.

把要洗的放在洗衣机里吧。
Bǎ yào xǐ de fàng zài xǐyījīli ba.
바 야오 시 더 팡 짜이 시이지리 바

💬 옷 개는 것을 도와줄래?

帮我叠一下衣服好吗?
Bāng wǒ dié yīxià yīfu hǎo ma?
빵 워 디에 이시아 이푸 하오 마?

💬 셔츠 다리는 것을 도와줄래?

能帮我熨一下衬衫吗?
Néng bāng wǒ yùn yīxià chènshān ma?
넝 빵 워 윈 이시아 천산 마?

💬 세탁소에 양복을 찾으러 가야 한다.

我要去洗衣店取西服。
Wǒ yào qù xǐyīdiàn qǔ xīfú.
워 야오 취 시이띠엔 취 시푸

💬 빨래를 세탁기에서 꺼내라.

把洗完的从洗衣机里拿出来吧。
Bǎ xǐwánde cóng xǐyījīli náchūlai ba.
바 시완더 총 시이지리 나추라이 바

💬 날씨가 좋으면, 빨래가 빨리 마른다.

天气好的话，洗的衣服干得快。
Tiānqì hǎo dehuà, xǐ de yīfu gān de kuài.
티엔치 하오 더후아, 시 더 이푸 깐 더 콰이

💬 이 티셔츠는 빨고 나서 줄어들었다.

这个T恤衫洗完以后缩水了。
Zhè ge T xùshān xǐwán yǐhòu suōshuǐ le.
저 거 티 쉬산 시완 이허우 쑤어수이 러

💬 옷을 잘 널었어요?

把衣服晾一下好吗？
Bǎ yīfu liàng yíxià hǎo ma?
바 이푸 리앙 이시아 하오 마?

💬 옷 너는 걸 잊었다.

我忘了晾衣服了。
Wǒ wàng le liàng yīfu le.
워 왕 러 리앙 이푸 러

집 꾸미기

💬 나는 집 꾸미는 것을 좋아한다.

我喜欢房子装潢。
Wǒ xǐhuan fángzi zhuānghuáng.
워 시후안 팡쯔 주앙후앙

💬 나는 인테리어와 가구에 관심이 많아요.

我对装修和家具很有兴趣。
Wǒ duì zhuāngxiū hé jiājù hěn yǒu xìngqù.
워 뚜이 주앙시우 허 지아쥐 헌 여우 싱취

💬 나는 새집 인테리어가 마음에 안 든다.

我对新家的装修很不满意。
Wǒ duì xīnjiā de zhuāngxiū hěn bù mǎnyì.
워 뚜이 신지아 더 주앙시우 헌 뿌 만이

💬 인테리어 전문가가 집 전체를 개조했다.

装修专家把整个房子都改造了。
Zhuāngxiū zhuānjiā bǎ zhěngge fángzi dōu gǎizào le.
주앙시우 주안지아 바 정거 팡쯔 떠우 가이짜오 러

Unit 3 운전 & 교통

운전

💬 어제 운전면허증을 땄다.

昨天考取了驾照。
Zuótiān kǎoqǔ le jiàzhào.
쭈어티엔 카오취 러 지아자오

💬 그는 운전을 잘한다.

他车开得很熟练。
Tā chē kāi de hěn shúliàn.
타 처 카이 더 헌 수리엔

💬 나는 운전을 잘 못한다.

我开得不熟练。
Wǒ kāi de bù shúliàn.
워 카이 더 뿌 수리엔

我开得不好。
Wǒ kāi de bù hǎo.
워 카이 더 뿌 하오

💬 운전면허증을 갱신했다.

驾照更新了。
Jiàzhào gèngxīn le.
지아자오 껑신 러

💬 그는 음주운전 사고로 운전면허가 취소됐다.

他因酒驾被吊销了驾照。
Tā yīn jiǔjià bèi diàoxiāo le jiàzhào.
타 인 지우지아 뻬이 땨오샤오 러 지아자오

💬 운전 너무 빠르잖아, 좀 천천히 해!

开得太快了，慢点啊!
Kāi de tài kuài le, màn diǎn a!
카이 더 타이 콰이 러, 만 디엔 아!

💬 조심해, 빨간 불이야!

小心点，红灯啊!
Xiǎoxīn diǎn, hóngdēng a!
샤오신 디엔, 훙떵 아!

💬 안전벨트를 매세요.

系上安全带。
Jìshàng ānquándài.
지상 안취엔따이

💬 먼저 직진하고, 다음에 좌회전해.

先往前开，然后往左拐。
Xiān wǎng qián kāi, ránhòu wǎng zuǒ guǎi.
시엔 왕 치엔 카이, 란허우 왕 쭈어 과이

💬 우리 교대로 운전하자.

我们轮班开车吧。
Wǒmen lúnbān kāichē ba.
워먼 룬빤 카이처 바

💬 이 길로 가는 게 맞아요?

走这条路对吗?
Zǒu zhè tiáo lù duì ma?
쩌우 저 탸오 루 뚜이 마?

주차

💬 주차장이 어디예요?

停车场在哪里?
Tíngchēchǎng zài nǎli?
팅처창 짜이 나리?

💬 여기에 주차해도 돼요?

可以在这儿停车吗?
Kěyǐ zài zhèr tíngchē ma?
커이 짜이 저얼 팅처 마?

💬 이 건물 뒤에 주차장이 있어요.

这栋楼后面有停车场。
Zhè dòng lóu hòumian yǒu tíngchēchǎng.
저 똥 러우 허우미엔 여우 팅처창

💬 주차장에 자리가 없어요.

停车场没有位子停车。
Tíngchēchǎng méiyǒu wèizi tíngchē.
팅처창 메이여우 웨이쯔 팅처

💬 주차 금지.

禁止停车。
Jìnzhǐ tíngchē.
진즈 팅처

교통 체증

💬 길이 심하게 막힌다.

路堵得厉害。
Lù dǔ de lìhai.
루 두 더 리하이

💬 오늘 교통은 심하게 막힌다.

今天交通堵塞很严重。
Jīntiān jiāotōng dǔsè hěn yánzhòng.
진티엔 쟈오퉁 두써 헌 이엔중

💬 앞에 왜 차 막히지?

前面为什么堵车？
Qiánmian wèishénme dǔchē?
치엔미엔 웨이선머 두처?

💬 이 길은 차가 자주 막힌다.

这条路常堵车。
Zhè tiáo lù cháng dǔchē.
저 탸오 루 창 두처

💬 이 길은 막혀서 주차장이 되어 버렸다.

这条路都堵成停车场了。
Zhè tiáo lù dōu dǔchéng tíngchēchǎng le.
저 탸오 루 떠우 두청 팅처창 러

교통 위반

💬 차를 좀 더 오른쪽에 대 주세요.

请把车靠右边停一下。
Qǐng bǎ chē kào yòubiān tíng yíxià.
칭 바 처 카오 여우삐엔 팅 이시아

💬 운전면허증을 좀 보여 주세요.

请出示一下驾照。
Qǐng chūshì yíxià jiàzhào.
칭 추스 이시아 지아자오

💬 차에서 내리세요.

请下车。
Qǐng xiàchē.
칭 시아처

💬 음주 측정기를 불어 주세요.

请吹一下饮酒测试仪。
Qǐng chuī yíxià yǐnjiǔ cèshìyí.
칭 추이 이시아 인지우 처스이

💬 규정 속도를 위반하셨어요.

您超速了。
Nín chāosù le.
닌 차오쑤 러

💬 속도위반으로 걸린 적 있어요?

你开车超速过吗?
Nǐ kāichē chāosùguo ma?
니 카이처 차오쑤구어 마?

💬 벌금은 얼마예요?

罚款是多少?
Fákuǎn shì duōshǎo?
파쿠안 스 뚜어사오?

💬 무단 횡단을 하면 안 됩니다.

不能横穿马路。
Bùnéng héngchuān mǎlù.
뿌넝 헝추안 마루

💬 이 차선은 좌회전 전용입니다.

这是左转车道。
Zhè shì zuǒzhuǎn chēdào.
저 스 쭈어주안 처따오

💬 여기에서 우회전은 안 됩니다.

这里不能右转。
Zhèli bùnéng yòuzhuǎn.
저리 뿌넝 여우주안

Chapter 3
나랑 친구할래요?

Unit 1 **날씨 & 계절**
Unit 2 **명절 & 기념일**
Unit 3 **취미**
Unit 4 **애완동물**
Unit 5 **식물 가꾸기**

Unit 1 날씨 & 계절

MP3. C3_U1

날씨 묻기

💬 오늘 날씨 어때요?

今天天气怎么样?
Jīntiān tiānqì zěnmeyàng?
진티엔 티엔치 쩐머양?

💬 그곳 날씨 어때요?

那里天气怎么样?
Nàli tiānqì zěnmeyàng?
나리 티엔치 쩐머양?

💬 밖의 날씨 어때요?

外面天气怎么样?
Wàimiàn tiānqì zěnmeyàng?
와이미엔 티엔치 쩐머양?

💬 내일 몇 도예요?

明天几度?
Míngtiān jǐ dù?
밍티엔 지 뚜?

💬 이런 날씨 좋아해요?

你喜欢这样的天气吗?
Nǐ xǐhuan zhèyàng de tiānqì ma?
니 시후안 저양 더 티엔치 마?

일기예보

💬 오늘 일기예보에서 뭐래요?

今天天气预报怎么说?
Jīntiān tiānqì yùbào zěnme shuō?
진티엔 티엔치 위빠오 쩐머 수어?

💬 내일 일기예보 알아요?

你知道明天的天气预报吗?
Nǐ zhīdào míngtiān de tiānqì yùbào ma?
니 즈따오 밍티엔 더 티엔치 위빠오 마?

💬 주말 날씨 일기예보에서 뭐래요?

周末的天气预报怎么说?
Zhōumò de tiānqì yùbào zěnme shuō?
저우모 더 티엔치 위빠오 쩐머 수어?

💬 일기예보 좀 봐요!

你看看天气预报吧!
Nǐ kànkan tiānqì yùbào ba!
니 칸칸 티엔치 위빠오 바!

💬 일기예보는 또 틀렸어요!

天气预报又报得不准!
Tiānqì yùbào yòu bào de bù zhǔn!
티엔치 위빠오 여우 빠오 더 뿌 준!

맑은 날

💬 오늘 날씨 정말 좋은데!

今天天气真不错啊!
Jīntiān tiānqì zhēn búcuò a!
진티엔 티엔치 전 부추어 아!

💬 날씨가 맑아요.

天很晴。
Tiān hěn qíng.
티엔 헌 칭

💬 요즘 날씨가 계속 괜찮네요.

最近天气一直不错。
Zuìjìn tiānqì yìzhí búcuò.
쭈이진 티엔치 이즈 부추어

💬 만약 매일 맑은 날이면 좋겠어요.

如果每天都是晴天就好了。
Rúguǒ měitiān dōushì qíngtiān jiù hǎo le.
루구어 메이티엔 떠우스 칭티엔 지우 하오 러

💬 내일 날이 맑으면 얼마나 좋을까!

明天要是晴天多好啊!
Míngtiān yàoshi qíngtiān duō hǎo a!
밍티엔 야오스 칭티엔 뚜어 하오 아!

흐린 날

💬 구름이 많아요.

多云。
Duōyún.
뚜어윈

💬 날씨가 흐려요.

天阴了。
Tiān yīn le.
티엔 인 러

💬 날이 특히 흐린데요.

天特别阴。
Tiān tèbié yīn.
티엔 터비에 인

💬 날이 어두워요.

天暗了。
Tiān àn le.
티엔 안 러

💬 갑자기 날씨가 흐려졌어요.

突然天气变阴了。
Tūrán tiānqì biàn yīn le.
투란 티엔치 삐엔 인 러

💬 하루 종일 흐린 날이에요.

一整天都是阴天。
Yìzhěngtiān dōushì yīntiān.
이정티엔 떠우스 인티엔

비 오는 날

💬 비가 와요.

下雨了。
Xiàyǔ le.
시아위 러

💬 빗방울이 똑똑 떨어져요.

雨点滴滴嗒嗒的。
Yǔdiǎn dīdīdādāde.
위디엔 띠띠따따더

💬 지금 비가 그쳤어요?

现在雨停了吗?
Xiànzài yǔ tíng le ma?
시엔짜이 위 팅 러 마?

💬 곧 비가 올 것 같아요.

好像快[要]下雨了。
Hǎoxiàng kuài[yào] xiàyǔ le.
하오시앙 콰이[야오] 시아위 러

💬 비가 올 것 같아, 우산 가져가!

可能会下雨，你带着伞吧!
Kěnéng huì xiàyǔ, nǐ dàizhe sǎn ba!
커녕 후이 시아위, 니 따이저 싼 바!

💬 이건 소나기일 뿐이야, 곧 그칠 거야.

这只是一场阵雨，雨快停了。
Zhè zhǐshì yì chǎng zhènyǔ, yǔ kuài tíng le.
저 즈스 이 창 전위, 위 콰이 팅 러

천둥 & 번개

💬 천둥이 쳐요.

打雷了。
Dǎléi le.
다레이 러

💬 번개가 쳐요.

打闪了。
Dǎshǎn le.
다산 러

💬 천둥이 심하게 쳐요.

打雷打得很厉害。
Dǎléi dǎ de hěn lìhai.
다레이 다 더 헌 리하이

💬 천둥이 밤새 쳤어요.

打雷打了一整夜。
Dǎléi dǎ le yìzhěngyè.
다레이 다 러 이정이에

💬 내일 천둥을 동반한 비가 예상됩니다.

预计明天下雨伴有强雷电。
Yùjì míngtiān xiàyǔ bànyǒu qiángléidiàn.
위지 밍티엔 시아위 빤여우 치앙레이띠엔

봄

💬 날씨가 따뜻해졌어요.

天暖和了。
Tiān nuǎnhuo le.
티엔 누안후어 러

💬 겨울이 가고 봄이 와요.

冬去春来。
Dōng qù chūn lái.
똥 취 춘 라이

💬 봄기운이 느껴져요.

我感觉到春天的气息。
Wǒ gǎnjué dào chūntiān de qìxī.
워 간쥐에 따오 춘티엔 더 치시

💬 봄 날씨는 변화가 많아요.

春天的天气变化无常。
Chūntiān de tiānqì biànhuà wúcháng.
춘티엔 더 티엔치 삐엔후아 우창

💬 일 년 사계절에서 나는 봄을 제일 좋아해요.

一年四季我最喜欢春天。
Yì nián sìjì wǒ zuì xǐhuan chūntiān.
이 니엔 쓰지 워 쭈이 시후안 춘티엔

황사

💬 황사가 발생하는 시기에 들어섰어요.

进入沙尘暴高发期了。
Jìnrù shāchénbào gāofāqī le.
진루 사천빠오 까오파치 러

💬 황사는 매년 봄에 와요.

沙尘暴每年春季都会来。
Shāchénbào měinián chūnjì dōu huì lái.
사천빠오 메이니엔 춘지 떠우 후이 라이

💬 당국에서 오늘 황사 경보를 발령했습니다.

当局今天发布了沙尘暴警报。
Dāngjú jīntiān fābù le shāchénbào jǐngbào.
땅쥐 진티엔 파뿌 러 사천빠오 징빠오

💬 대규모의 황사로 가시거리가 50m 이하로 떨어졌습니다.

一个大规模的沙尘暴使能见度小于50米。
Yí ge dàguīmó de shāchénbào shǐ néngjiàndù xiǎoyú wǔshí mǐ.
이 거 따꾸이모 더 사천빠오 스 넝지엔뚜 샤오위 우스 미

여름

💬 날씨가 정말 더워요.

天气真热。
Tiānqì zhēn rè.
티엔치 전 러

💬 무더위가 기승을 부려요.

烈日炎炎。
Lièrì yányán.
리에르 이엔이엔

💬 점점 더워져요.

渐渐热起来。
Jiànjiàn rèqǐlai.
지엔지엔 러치라이

💬 여기는 너무 더워요.

这里热得要命。
Zhèli rè de yàomìng.
저리 러 더 야오밍

💬 여름 기운이 느껴져요.

我感到了夏天的气息。
Wǒ gǎndào le xiàtiān de qìxī.
워 간따오 러 시아티엔 더 치시

💬 오늘은 이번 여름 중 가장 더운 날이에요.

今天是这个夏天最热的一天。
Jīntiān shì zhè ge xiàtiān zuì rè de yì tiān.
진티엔 스 저 거 시아티엔 쭈이 러 더 이 티엔

장마

💬 장마철에 들어섰어요.

进入雨季了。
Jìnrù yǔjì le.
진루 위지 러

💬 장마철이 이미 왔어요.

雨季已经来临。
Yǔjì yǐjīng láilín.
위지 이징 라이린

💬 장마가 지나갔어요.

雨季过去了。
Yǔjì guòqu le.
위지 꾸어취 러

💬 습해요.

很潮湿。
Hěn cháoshī.
헌 차오스

💬 장마철이 오면 우산을 꼭 가지고 다녀야 해요.

雨季来临时必须随身携带雨伞。
Yǔjì láilín shí bìxū suíshēn xiédài yǔsǎn.
위지 라이린 스 삐쉬 쑤이선 시에따이 위싼

태풍

💬 태풍이 접근하고 있어요.

台风正在逼近。
Táifēng zhèngzài bījìn.
타이펑 정짜이 삐진

💬 오늘 태풍 경보가 이미 나왔어요.

今天台风警报已经出来了。
Jīntiān táifēng jǐngbào yǐjīng chūlai le.
진티엔 타이펑 징빠오 이징 추라이 러

💬 폭풍우가 왔어요.

暴风雨来了。
Bàofēngyǔ lái le.
빠오펑위 라이 러

💬 바람이 점점 세져요.

风渐渐大了起来。
Fēng jiànjiàn dà le qǐlai.
펑 지엔지엔 따 러 치라이

💬 태풍이 동쪽 해안에 상륙했습니다.

台风侵袭东部沿海。
Táifēng qīnxí dōngbù yánhǎi.
타이펑 친시 뚱뿌 이엔하이

가을

💬 가을이 곧 와요.

秋天快到了。
Qiūtiān kuài dào le.
치우티엔 콰이 따오 러

💬 가을 바람이 솔솔 불어요.

秋风习习。
Qiūfēng xíxí.
치우펑 시시

💬 하늘은 높고 날씨는 상쾌해요!

天高气爽!
Tiāngāoqìshuǎng!
티엔까오치수앙!

秋高气爽!
Qiūgāoqìshuǎng!
치우까오치수앙!

💬 가을은 곧 지나갈 것 같아요.

秋天好像快过去了。
Qiūtiān hǎoxiàng kuài guòqu le.
치우티엔 하오시앙 콰이 꾸어취 러

💬 가을은 여행하기 좋은 계절이에요.

秋天是旅游的好季节。
Qiūtiān shì lǚyóu de hǎo jìjié.
치우티엔 스 뤼여우 더 하오 지지에

단풍

💬 지금은 바로 단풍을 구경하는 계절이다.

现在正是看红叶的季节。
Xiànzài zhèngshì kàn hóngyè de jìjié.
시엔짜이 정스 칸 훙이에 더 지지에

💬 가을은 단풍 구경하기에 가장 좋은 시절이다.

秋天是看红叶最好的时节。
Qiūtiān shì kàn hóngyè zuì hǎo de shíjié.
치우티엔 스 칸 훙이에 쭈이 하오 더 스지에

💬 우리는 다음 주말에 단풍 구경 간다.

我们下个周末去看红叶。
Wǒmen xià ge zhōumò qù kàn hóngyè.
워먼 시아 거 저우모 취 칸 훙이에

💬 가을이 되면, 나뭇잎이 모두 노랗게 변한다.

到了秋天，树叶都变黄了。
Dào le qiūtiān, shùyè dōu biàn huáng le.
따오 러 치우티엔, 수이에 떠우 삐엔 후앙 러

💬 나뭇잎은 점차 붉게 변하고 있어요.

树叶正在慢慢地变红。
Shùyè zhèngzài mànmànde biàn hóng.
수이에 정짜이 만만더 삐엔 홍

겨울

💬 겨울이 곧 와요.

冬天快到了。
Dōngtiān kuài dào le.
뚱티엔 콰이 따오 러

💬 날씨가 점차 추워져요.

天气慢慢变冷了。
Tiānqì mànmàn biàn lěng le.
티엔치 만만 삐엔 렁 러

💬 날씨가 추워져요.

天气变得寒冷起来。
Tiānqì biàn de hánlěngqǐlai.
티엔치 삐엔 더 한렁치라이

💬 추워서 덜덜 떨려요.

冷得瑟瑟发抖。
Lěng de sèsè fādǒu.
렁 더 써써 파더우

💬 뼛속까지 추워요.

冷得刺骨。
Lěng de cìgǔ.
렁 더 츠구

눈

💬 많은 눈이 흩날려요.

大雪纷飞。
Dàxuě fēnfēi.
따쉬에 펀페이

💬 함박눈이 흩날려요.

鹅毛大雪。
Émáo dàxuě.
어마오 따쉬에

💬 눈보라가 쳐요.

有暴风雪。
Yǒu bàofēngxuě.
여우 빠오펑쉬에

💬 하늘에서 눈꽃이 날려요.

天上飘起了雪花。
Tiānshang piāoqǐ le xuěhuā.
티엔상 퍄오치 러 쉬에후아

💬 어제는 폭설이 내렸어요.

昨天下了暴雪。
Zuótiān xià le bàoxuě.
쭈어티엔 시아 러 빠오쉬에

Unit 2 명절 & 기념일

설날

💬 새로운 한 해이다.

这是新的一年。
Zhè shì xīn de yì nián.
저 스 신 더 이 니엔

💬 새해 복 많이 받으세요!

新年快乐!
Xīnnián kuàilè!
신니엔 콰이러!

💬 해마다 풍요롭길 바랍니다!

年年有余!
Niánnián yǒuyú!
니엔니엔 여우위!

💬 모든 일을 뜻대로 이루시길 바랍니다!

万事如意!
Wànshì rúyì!
완스 루이!

💬 새해에는 평안하고 행복하세요!

祝新的一年平安幸福!
Zhù xīn de yì nián píng'ān xìngfú!
주 신 더 이 니엔 핑안 싱푸!

💬 한국인은 설날에 떡국을 먹습니다.

韩国人春节时吃年糕汤。
Hánguórén Chūnjié shí chī niángāotāng.
한구어런 춘지에 스 츠 니엔까오탕

새해 결심

💬 새해를 위해 건배.

为新的一年干杯。
Wèi xīn de yì nián gānbēi.
웨이 신 더 이 니엔 깐뻬이

💬 새해는 우리에게 새로운 희망을 줍니다.

新年给我们新的希望。
Xīnnián gěi wǒmen xīn de xīwàng.
신니엔 게이 워먼 신 더 시왕

💬 새해를 어떻게 축하했어요?

你是怎么庆祝新年的?
Nǐ shì zěnme qìngzhù xīnnián de?
니 스 쩐머 칭주 신니엔 더?

💬 새해에 어떤 새로운 계획이 있나요?

新年你有什么新的计划?
Xīnnián nǐ yǒu shénme xīn de jìhuà?
신니엔 니 여우 선머 신 더 지후아?

💬 저는 올해 술을 끊기로 결심했어요.

我今年决心戒酒。
Wǒ jīnnián juéxīn jièjiǔ.
워 진니엔 쥐에신 지에지우

💬 나는 새해부터 살을 빼기로 결심했다.

我决定从新年开始减肥。
Wǒ juédìng cóng xīnnián kāishǐ jiǎnféi.
워 쥐에띵 충 신니엔 카이스 지엔페이

추석

💬 추석은 음력 8월 15일입니다.

中秋节是农历[阴历]八月十五日。
Zhōngqiūjié shì nónglì[yīnlì] bā yuè shíwǔ rì.
중치우지에 스 눙리[인리] 빠 위에 스우 르

💬 추석에 무슨 계획이 있어요?

中秋节你有什么计划?
Zhōngqiūjié nǐ yǒu shénme jìhuà?
중치우지에 니 여우 선머 지후아?

💬 추석에 고향에 돌아갈 건가요?

中秋节你回老家吗?
Zhōngqiūjié nǐ huí lǎojiā ma?
중치우지에 니 후이 라오지아 마?

💬 한국인은 추석에 송편을 먹습니다.

韩国人中秋节时吃松片。
Hánguórén Zhōngqiūjié shí chī sōngpiàn.
한구어런 중치우지에 스 츠 쏭피엔

💬 중국인은 추석에 월병을 먹습니다.

中国人中秋节时吃月饼。
Zhōngguórén Zhōngqiūjié shí chī yuèbǐng.
중구어런 중치우지에 스 츠 위에빙

크리스마스

💬 아이들은 크리스마스이브에 선물을 담을 양말을 걸었다.

孩子们在圣诞节前夕挂起了装礼物的袜子。
Háizimen zài Shèngdànjié qiánxī guàqǐ le zhuāng lǐwù de wàzi.
하이쯔먼 짜이 성딴지에 치엔시 꾸아치 러 주앙 리우 더 와쯔

💬 곧 크리스마스예요.

圣诞节快到了。
Shèngdànjié kuài dào le.
성딴지에 콰이 따오 러

💬 우리 크리스마스 트리를 꾸미자.

我们装饰圣诞树吧。
Wǒmen zhuāngshì shèngdànshù ba.
워먼 주앙스 성딴수 바

💬 나는 크리스마스 카드를 쓰고 있다.

我正在写圣诞卡。
Wǒ zhèngzài xiě shèngdànkǎ.
워 정짜이 시에 성딴카

💬 크리스마스에 보통 뭐하세요?

圣诞节时你一般做什么?
Shèngdànjié shí nǐ yìbān zuò shénme?
성딴지에 스 니 이빤 쭈어 선머?

생일

💬 오늘은 바로 내 생일이다.

今天就是我的生日。
Jīntiān jiùshì wǒ de shēngrì.
진티엔 지우스 워 더 성르

💬 오늘이 내 생일인지 어떻게 알았니?

你怎么知道今天是我的生日?
Nǐ zěnme zhīdào jīntiān shì wǒ de shēngrì?
니 쩐머 즈따오 진티엔 스 워 더 성르?

💬 네 생일을 잊어버려서 정말 미안해, 완전히 잊어버렸어.

真抱歉忘了你的生日，忘得一干二净。
Zhēn bàoqiàn wàng le nǐ de shēngrì, wàng de yìgān'èrjìng.
전 빠오치엔 왕 러 니 더 성르, 왕 더 이깐얼징

💬 우리 생일은 같은 날이다.

我们的生日是同一天。
Wǒmen de shēngrì shì tóngyìtiān.
워먼 더 성르 스 퉁이티엔

💬 내 생일이 일주일밖에 안 남았다.

离我的生日只剩下一周了。
Lí wǒ de shēngrì zhǐ shèngxià yì zhōu le.
리 워 더 성르 즈 성시아 이 저우 러

축하

💬 생일 축하합니다!

祝你生日快乐!
Zhù nǐ shēngrì kuàilè!
주 니 성르 콰이러!

💬 결혼 축하합니다!

祝新婚快乐!
Zhù xīnhūn kuàilè!
주 신훈 콰이러!

💬 성공을 빌어요!

祝你成功!
Zhù nǐ chénggōng!
주 니 청꿍!

💬 행운을 빌어요!

祝你好运!
Zhù nǐ hǎoyùn!
주 니 하오윈!

💬 고맙습니다, 당신도요!

谢谢，你也是!
Xièxie, nǐ yě shì!
시에시에, 니 이에 스!

Unit 3 취미

취미 묻기

💬 당신은 취미가 뭐예요?

你的爱好是什么?
Nǐ de àihào shì shénme?
니 더 아이하오 스 선머?

💬 어떤 취미를 가지고 있어요?

你有什么爱好?
Nǐ yǒu shénme àihào?
니 여우 선머 아이하오?

💬 어떤 특별한 취미가 있어요?

你有什么特别的爱好?
Nǐ yǒu shénme tèbié de àihào?
니 여우 선머 터비에 더 아이하오?

💬 한가할 때 보통 뭐 하세요?

你闲下来时一般做什么?
Nǐ xiánxiàlai shí yìbān zuò shénme?
니 시엔시아라이 스 이빤 쭈어 선머?

💬 기분 전환하고 싶을 때 뭐 하세요?

想换心情时你会做什么？
Xiǎng huàn xīnqíng shí nǐ huì zuò shénme?
시앙 후안 신칭 스 니 후이 쭈어 선머?

취미 대답하기

💬 나는 취미가 많아요.

我的爱好很多。
Wǒ de àihào hěn duō.
워 더 아이하오 헌 뚜어

💬 내 취미는 바로 음악 감상이에요.

我的爱好就是听音乐。
Wǒ de àihào jiùshì tīng yīnyuè.
워 더 아이하오 지우스 팅 인위에

💬 특별한 취미가 없어요.

没有什么特别的爱好。
Méiyǒu shénme tèbié de àihào.
메이여우 선머 터비에 더 아이하오

💬 그런 일에 대해서는 흥미가 없어요.

我对那样的事没什么兴趣。
Wǒ duì nàyàng de shì méi shénme xìngqù.
워 뚜이 나양 더 스 메이 선머 싱취

💬 그냥 집에 있어요.

就在家里呆着。
Jiù zài jiāli dāizhe.
지우 짜이 지아리 따이저

💬 그는 이상한 취미가 있어요.

他有一个奇怪的嗜好。
Tā yǒu yí ge qíguài de shìhào.
타 여우 이 거 치꽈이 더 스하오

사진 찍기

💬 사진 찍기는 내 취미 중 하나예요.

摄影是我的爱好之一。
Shèyǐng shì wǒ de àihào zhīyī.
서잉 스 워 더 아이하오 즈이

💬 당신은 어떤 카메라를 가지고 있어요?

你有什么样的相机？
Nǐ yǒu shénmeyàng de xiàngjī?
니 여우 선머양 더 시앙지?

💬 나는 최근에 인물 촬영에 흥미가 있어요.

我最近对人物摄影感兴趣。
Wǒ zuìjìn duì rénwù shèyǐng gǎn xìngqù.
워 쭈이진 뚜이 런우 서잉 간 싱취

💬 나는 집에 암실이 있어요.

我家里有暗房。
Wǒ jiāli yǒu ànfáng.
워 지아리 여우 안팡

💬 나는 희귀한 나비 사진을 찍기 위해 많은 곳을 갔다.

我去了很多地方拍罕见的蝴蝶。
Wǒ qù le hěn duō dìfang pāi hǎnjiàn de húdié.
워 취 러 헌 뚜어 띠팡 파이 한지엔 더 후디에

운동

💬 어떤 운동하기를 좋아해요?

你喜欢做什么运动?
Nǐ xǐhuan zuò shénme yùndòng?
니 시후안 쭈어 선머 윈뚱?

💬 나는 어떤 운동이든 좋아해요.

我什么运动都喜欢。
Wǒ shénme yùndòng dōu xǐhuan.
워 선머 윈뚱 떠우 시후안

💬 나는 운동광이에요.

我是运动狂。
Wǒ shì yùndòngkuáng.
워 스 윈뚱쿠앙

💬 나는 운동에 소질이 없어요.

我没有运动细胞。
Wǒ méiyǒu yùndòng xìbāo.
워 메이여우 윈뚱 시빠오

💬 나는 운동 관람을 좋아해요.

我喜欢看体育运动。
Wǒ xǐhuan kàn tǐyù yùndòng.
워 시후안 칸 티위 윈똥

💬 요즘 운동 부족이에요.

最近运动不足。
Zuìjìn yùndòng bùzú.
쭈이진 윈똥 뿌쭈

💬 건강을 위해서, 나는 매일 산보해요.

为了健康，我每天散步。
Wèile jiànkāng, wǒ měitiān sànbù.
웨이러 지엔캉, 워 메이티엔 싼뿌

💬 오늘부터 달리기를 할 거예요.

从今天开始，我要跑步。
Cóng jīntiān kāishǐ, wǒ yào pǎobù.
충 진티엔 카이스, 워 야오 파오뿌

💬 나는 계속 요가를 하고 싶어요.

我想继续做瑜珈。
Wǒ xiǎng jìxù zuò yújiā.
워 시앙 지쉬 쭈어 위지아

💬 수영을 가장 좋아해요.

我最喜欢游泳。
Wǒ zuì xǐhuan yóuyǒng.
워 쭈이 시후안 여우융

💬 나는 맥주병이에요.

我是个旱鸭子。
Wǒ shì ge hànyāzi.
워 스 거 한야쯔

💬 겨울이 되면 스키를 타러 가요.

一到冬天我就去滑雪。
Yí dào dōngtiān wǒ jiù qù huáxuě.
이 따오 뚱티엔 워 지우 취 후아쉐

구기종목

💬 요즘 테니스에 빠졌어요.

最近迷上了打网球。
Zuìjìn míshàng le dǎ wǎngqiú.
쭈이진 미상 러 다 왕치우

💬 시간 내서 우리 함께 치러 가요.

找个时间我们一起去打吧。
Zhǎo ge shíjiān wǒmen yìqǐ qù dǎ ba.
자오 거 스지엔 워먼 이치 취 다 바

💬 나는 종종 TV에서 중계하는 야구 경기를 본다.

我常常看电视转播的棒球比赛。
Wǒ chángcháng kàn diànshì zhuǎnbō de bàngqiú bǐsài.
워 창창 칸 띠엔스 주안뽀 더 빵치우 비싸이

💬 어제 우리는 3:1로 이겼다.

昨天我们对三比一赢了。
Zuótiān wǒmen duì sān bǐ yī yíng le.
쭈어티엔 워먼 뚜이 싼 비 이 잉 러

💬 경기는 무승부였다.

比赛平了。
Bǐsài píng le.
비싸이 핑 러

💬 나는 축구팀 후보이다.

我是足球队候补。
Wǒ shì zúqiúduì hòubǔ.
워 스 쭈치우뚜이 허우부

💬 당신은 어떤 축구팀을 응원해요?

你给哪个足球队加油？
Nǐ gěi nǎ ge zúqiúduì jiāyóu?
니 게이 나 거 쭈치우뚜이 지아여우?

💬 나는 축구에 흥미가 없어요.

我对足球没什么兴趣。
Wǒ duì zúqiú méi shénme xìngqù.
워 뚜이 쭈치우 메이 선머 싱취

💬 요즘 골프에 빠졌어요.

最近迷上了打高尔夫球。
Zuìjìn míshàng le dǎ gāo'ěrfūqiú.
쭈이진 미상 러 다 까오얼푸치우

💬 우리 골프 한 게임 칠까요?

咱们打一杆？
Zánmen dǎ yì gān?
짠먼 다 이 깐?

💬 어제 탁구 시합은 상당히 치열했다.

昨天乒乓球赛相当激烈。
Zuótiān pīngpāngqiúsài xiāngdāng jīliè.
쭈어티엔 핑팡치우싸이 시앙땅 지리에

음악 감상

💬 나는 음악 듣는 것을 좋아합니다.

我喜欢听音乐。
Wǒ xǐhuan tīng yīnyuè.
워 시후안 팅 인위에

💬 당신은 어떤 음악을 좋아해요?

你喜欢什么音乐?
Nǐ xǐhuan shénme yīnyuè?
니 시후안 선머 인위에?

💬 당신이 좋아하는 가수는 누구예요?

你喜欢的歌手是谁?
Nǐ xǐhuan de gēshǒu shì shéi?
니 시후안 더 꺼서우 스 세이?

💬 음악이라면 다 듣기 좋아해요.

只要是音乐我都喜欢听。
Zhǐyào shì yīnyuè wǒ dōu xǐhuan tīng.
즈야오 스 인위에 워 떠우 시후안 팅

💬 요즘 클래식 음악을 듣기 시작했어요.

最近开始听古典音乐了。
Zuìjìn kāishǐ tīng gǔdiǎn yīnyuè le.
쭈이진 카이스 팅 구디엔 인위에 러

악기 연주

💬 당신은 어떤 악기를 연주할 수 있어요?

你会弹什么乐器?
Nǐ huì tán shénme yuèqì?
니 후이 탄 선머 위에치?

💬 나는 피아노를 칠 수 있어요.

我会弹钢琴。
Wǒ huì tán gāngqín.
워 후이 탄 깡친

💬 나는 10살부터 바이올린을 켜기 시작했어요.

我从十岁开始拉小提琴。
Wǒ cóng shí suì kāishǐ lā xiǎotíqín.
워 충 스 쑤이 카이스 라 샤오티친

💬 나는 어릴 때부터 10년 동안 피아노를 쳤다.

我小时候弹了十年钢琴。
Wǒ xiǎoshíhou tán le shí nián gāngqín.
워 샤오스허우 탄 러 스 니엔 깡친

💬 나는 음악에 소질이 없다.

我没有音乐细胞。
Wǒ méiyǒu yīnyuè xìbāo.
워 메이여우 인위에 시빠오

영화 감상

💬 나는 영화 보기를 좋아합니다.

我喜欢看电影。
Wǒ xǐhuan kàn diànyǐng.
워 시후안 칸 띠엔잉

💬 나는 영화광이에요.

我是电影迷。
Wǒ shì diànyǐngmí.
워 스 띠엔잉미

💬 당신은 어떤 영화를 좋아해요?

你喜欢看什么类型的电影？
Nǐ xǐhuan kàn shénme lèixíng de diànyǐng?
니 시후안 칸 선머 레이싱 더 띠엔잉?

💬 나는 종종 공포 영화를 봅니다.

我常看恐怖电影。
Wǒ cháng kàn kǒngbù diànyǐng.
워 창 칸 쿵뿌 띠엔잉

💬 외국 영화와 비교해서, 나는 국내 영화를 더 좋아합니다.

比起外国电影，我更喜欢看国产电影。
Bǐqǐ wàiguó diànyǐng, wǒ gèng xǐhuan kàn guóchǎn diànyǐng.
비치 와이구어 띠엔잉, 워 껑 시후안 칸 구어찬 띠엔잉

💬 지금까지 내가 제일 좋아하는 영화는 〈아이언맨〉입니다.

至今为止我最喜欢的电影是《钢铁侠》。
Zhìjīn wéizhǐ wǒ zuì xǐhuan de diànyǐng shì <Gāngtiěxiá>.
즈진 웨이즈 워 쭈이 시후안 더 띠엔잉 스 《깡티에시아》

💬 그 영화 주연은 누구예요?

那个电影的主角是谁?
Nà ge diànyǐng de zhǔjué shì shéi?
나 거 띠엔잉 더 주쥐에 스 세이?

💬 그 영화는 내가 다섯 번 봤다.

那个电影我看了五遍。
Nà ge diànyǐng wǒ kàn le wǔ biàn.
나 거 띠엔잉 워 칸 러 우 삐엔

💬 나는 공포 영화를 보면, 그날 밤에 잠을 못 자요.

我看了恐怖电影, 结果那晚吓得睡不着。
Wǒ kàn le kǒngbù diànyǐng, jiéguǒ nà wǎn xià de shuìbuzháo.
워 칸 러 쿵뿌 띠엔잉, 지에구어 나 완 시아 더 수이부자오

💬 그녀가 주연한 영화를 나는 다 봤다.

她主演的电影我都看过。
Tā zhǔyǎn de diànyǐng wǒ dōu kànguo.
타 주이엔 더 띠엔잉 워 떠우 칸구어

극장 가기

💬 자주 영화 보러 가요?

你常去看电影吗?
Nǐ cháng qù kàn diànyǐng ma?
니 창 취 칸 띠엔잉 마?

💬 한 달에 한두 번 봐요.

一个月看一两次。
Yí ge yuè kàn yì liǎng cì.
이 거 위에 칸 이 리앙 츠

💬 극장에 가는 것과 비교해서, 나는 집에서 영화 보기를 더 좋아해요.

比起去电影院，我更喜欢在家里看电影。
Bǐqǐ qù diànyǐngyuàn, wǒ gèng xǐhuan zài jiāli kàn diànyǐng.
비치 취 띠엔잉위엔, 워 껑 시후안 짜이 지아리 칸 띠엔잉

💬 오랫동안 영화를 못 봤어요.

好久没看电影了。
Hǎojiǔ méi kàn diànyǐng le.
하오지우 메이 칸 띠엔잉 러

💬 오늘 저녁에 영화 보러 가자.

今晚去看电影吧。
Jīnwǎn qù kàn diànyǐng ba.
진완 취 칸 띠엔잉 바

독서

💬 내 취미는 소설 읽는 거예요.

我的爱好是读小说。
Wǒ de àihào shì dú xiǎoshuō.
워 더 아이하오 스 두 샤오수어

💬 나는 책벌레예요.

我是书虫。
Wǒ shì shūchóng.
워 스 수충

💬 일이 없을 때 나는 책 읽기를 좋아해요.

没事的时候我喜欢看书。
Méi shì de shíhou wǒ xǐhuan kàn shū.
메이 스 더 스허우 워 시후안 칸 수

💬 요즘 바빠서, 책 읽을 시간이 없어요.

最近很忙，没时间看书。
Zuìjìn hěn máng, méi shíjiān kàn shū.
쭈이진 헌 망, 메이 스지엔 칸 수

💬 책 많이 봐요?

你看书看得多吗？
Nǐ kàn shū kàn de duō ma?
니 칸 수 칸 더 뚜어 마?

💬 한 달에 몇 권 읽어요?

你一个月看几本书？
Nǐ yí ge yuè kàn jǐ běn shū?
니 이 거 위에 칸 지 번 수?

💬 일 년에 50권 이상 읽어요.

我一年看五十本以上。
Wǒ yì nián kàn wǔshí běn yǐshàng.
워 이 니엔 칸 우스 번 이상

💬 나는 추리소설을 좋아해요.

我很喜欢看推理小说。
Wǒ hěn xǐhuan kàn tuīlǐ xiǎoshuō.
워 헌 시후안 칸 투이리 샤오수어

💬 좋아하는 소설가가 누구예요?

你喜欢的小说家是谁?
Nǐ xǐhuan de xiǎoshuōjiā shì shéi?
니 시후안 더 샤오수어지아 스 셰이?

💬 나는 루쉰의 책을 좋아해서, 그의 책은 이미 다 봤어요.

我喜欢鲁迅的书，他的书我都看过。
Wǒ xǐhuan Lǔ Xùn de shū, tā de shū wǒ dōu kànguo.
워 시후안 루 쉰 더 수, 타 더 수 워 떠우 칸구어

수집

💬 뭐 수집하기 좋아하는 거 있어요?

你喜欢收集什么东西吗?
Nǐ xǐhuan shōují shénme dōngxi ma?
니 시후안 서우지 선머 뚱시 마?

💬 당신은 우표 수집한 지 얼마나 됐어요?

你开始收集邮票多久了?
Nǐ kāishǐ shōují yóupiào duōjiǔ le?
니 카이스 서우지 여우퍄오 뚜어지우 러?

💬 나는 전 세계 동전을 모으고 있어요.

我在收集全世界的硬币。
Wǒ zài shōují quán shìjiè de yìngbì.
워 짜이 서우지 취엔 스지에 더 잉삐

💬 한정판 피규어를 모으는 데 관심이 많아요.

我对收集限量版公仔很感兴趣。
Wǒ duì shōují xiànliàngbǎn gōngzǎi hěn gǎn xìngqù.
워 뚜이 서우지 시엔리앙반 꿍짜이 헌 간 싱취

💬 나는 작년부터 골동품을 모으기 시작했어요.

我从去年开始收集古董。
Wǒ cóng qùnián kāishǐ shōují gǔdǒng.
워 충 취니엔 카이스 서우지 구둥

Unit 4 애완동물

애완동물

💬 나는 애완동물 기르기를 좋아해요.

我喜欢养宠物。
Wǒ xǐhuan yǎng chǒngwù.
워 시후안 양 충우

💬 애완동물 기르고 싶니?

你想养宠物吗?
Nǐ xiǎng yǎng chǒngwù ma?
니 시앙 양 충우 마?

💬 어떤 애완동물 기르고 싶니?

你想养什么宠物?
Nǐ xiǎng yǎng shénme chǒngwù?
니 시앙 양 선머 충우?

💬 당신은 어렸을 때 애완동물을 길러봤어요?

你小时候养过宠物吗?
Nǐ xiǎoshíhou yángguo chǒngwù ma?
니 샤오스허우 양구어 충우 마?

💬 어떤 애완동물이 더 좋니, 개 아니면 고양이?

更喜欢什么宠物，狗还是猫？
Gèng xǐhuan shénme chǒngwù, gǒu háishi māo?
껑 시후안 선머 충우, 거우 하이스 마오?

💬 오늘 공원에서 버려진 고양이를 발견했다.

今天公园里发现了一只被扔掉的猫。
Jīntiān gōngyuánli fāxiàn le yì zhī bèi rēngdiào de māo.
진티엔 꿍위엔리 파시엔 러 이 즈 뻬이 렁땨오 더 마오

💬 부모님은 내가 애완동물 기르는 것을 허락하지 않으신다.

父母不允许我养宠物。
Fùmǔ bù yǔnxǔ wǒ yǎng chǒngwù.
푸무 뿌 윈쉬 워 양 충우

💬 개를 기르고 싶은데, 아파트에 살아서 기를 방법이 없다.

我想养狗，可是住在公寓里没法养。
Wǒ xiǎng yǎnggǒu, kěshì zhùzài gōngyùli méi fǎ yǎng.
워 시앙 양 거우, 커스 주짜이 꿍위리 메이 파 양

💬 여기에 애완동물을 데려와도 돼요?

这里可以带宠物来吗？
Zhèlǐ kěyǐ dài chǒngwù lái ma?
저리 커이 따이 충우 라이 마?

💬 죄송합니다, 이곳은 애완동물이 들어올 수 없어요.

对不起，这里禁止宠物入内。
Duìbuqǐ, zhèlǐ jìnzhǐ chǒngwù rùnèi.
뚜이부치, 저리 진즈 충우 루네이

개

💬 나는 개를 데리고 산책하기를 좋아한다.

我很喜欢遛狗。
Wǒ hěn xǐhuan liùgǒu.
워 헌 시후안 리우거우

我喜欢带着狗一起散步。
Wǒ xǐhuan dàizhe gǒu yìqǐ sànbù.
워 시후안 따이저 거우 이치 싼뿌

💬 나는 매일 저녁 개를 데리고 산책한다.

我每晚都遛狗。
Wǒ měiwǎn dōu liùgǒu.
워 메이완 떠우 리우거우

💬 나는 강아지에게 먹이를 주고 있어요.

我在喂小狗。
Wǒ zài wèi xiǎogǒu.
워 짜이 웨이 샤오거우

💬 나는 강아지에게 '똘똘이'라고 이름 지어 주었어요.

我给小狗起了个名字叫"聪聪"。
Wǒ gěi xiǎogǒu qǐ le ge míngzi jiào "Cōngcong".
워 게이 샤오거우 치 러 거 밍쯔 쟈오 '충충'

💬 내 강아지는 온순하다.

我的小狗很温顺。
Wǒ de xiǎogǒu hěn wēnshùn.
워 더 샤오거우 헌 원순

💬 내 개는 잘 길들여져 있다.

我的狗受到了很好的训练。
Wǒ de gǒu shòudào le hěn hǎo de xùnliàn.
워 더 거우 서우따오 러 헌 하오 더 쉰리엔

💬 내 개는 종종 낯선 사람을 문다.

我的狗常常咬陌生人。
Wǒ de gǒu chángcháng yǎo mòshēngrén.
워 더 거우 창창 야오 모성런

💬 그 개는 아이들과 이리저리 뛰어다닌다.

那只狗跟孩子们跑来跑去。
Nà zhī gǒu gēn háizimen pǎoláipǎoqù.
나 즈 거우 껀 하이쯔먼 파오라이파오취

💬 내 개가 보아하니 좀 아픈 것 같다.

我的狗看起来有点不舒服。
Wǒ de gǒu kànqǐlai yǒudiǎn bùshūfu.
워 더 거우 칸치라이 여우디엔 뿌수푸

💬 내 개가 죽어서, 나는 슬프다.

我的狗死了，我很伤心。
Wǒ de gǒu sǐ le, wǒ hěn shāngxīn.
워 더 거우 쓰 러, 워 헌 상신

고양이

💬 고양이가 발톱으로 나를 할퀴어서 상처가 났다.

猫的爪子把我抓伤了。
Māo de zhuǎzi bǎ wǒ zhuāshāng le.
마오 더 주아쯔 바 워 주아상 러

💬 고양이 꼬리를 갖고 장난치지 마라.

别玩猫尾巴。
Bié wán māo wěiba.
비에 완 마오 웨이바

💬 새끼 고양이가 슬리퍼를 문다.

小猫咬拖鞋。
Xiǎomāo yǎo tuōxié.
샤오마오 야오 투어시에

💬 우리 집 고양이가 새끼를 세 마리 낳았어요.

我家猫生了三只小猫。
Wǒ jiā māo shēng le sān zhī xiǎomāo.
워 지아 마오 성 러 싼 즈 샤오마오

💬 새끼 고양이들에게 먹이를 줘야 해.

该给小猫们喂食了。
Gāi gěi xiǎomāomen wèishí le.
까이 게이 샤오마오먼 웨이스 러

기타

💬 내 햄스터는 양배추를 좋아한다.

我的仓鼠喜欢吃卷心菜。
Wǒ de cāngshǔ xǐhuan chī juànxīncài.
워 더 창수 시후안 츠 쥐엔신차이

💬 햄스터를 우리에 넣어 기르세요.

把仓鼠养在笼子里。
Bǎ cāngshǔ yǎng zài lóngzili.
바 창수 양 짜이 룽쯔리

💬 나는 그의 애완용 뱀이 싫어.

我讨厌他的宠物蛇。
Wǒ tǎoyàn tā de chǒngwùshé.
워 타오이엔 타 더 충우서

💬 어떤 사람은 딱정벌레를 애완동물로 키워요.

有人把甲虫当宠物养。
Yǒurén bǎ jiǎchóng dāng chǒngwù yǎng.
여우런 바 지아충 땅 충우 양

💬 그는 금붕어에게 먹이를 너무 많이 줘서 죽이고 말았어요.

他给金鱼喂了很多鱼食，把鱼撑死了。
Tā gěi jīnyú wèi le hěn duō yúshí, bǎ yú chēngsǐ le.
타 게이 진위 웨이 러 헌 뚜어 위스, 바 위 청쓰 러

Unit 5 식물 가꾸기

MP3. C3_U5

식물

💬 리리는 그녀의 꽃에 물을 주고 있다.

丽丽在给她的花浇水。
Lìlì zài gěi tā de huā jiāoshuǐ.
리리 짜이 게이 타 더 후아 쟈오수이

💬 그 꽃화분은 일주일에 많아야 한 번 물을 준다.

那盆花一周最多浇一次水。
Nà pén huā yì zhōu zuì duō jiāo yí cì shuǐ.
나 펀 후아 이 저우 쭈이 뚜어 쟈오 이 츠 수이

💬 당신은 선인장에 물을 너무 많이 줬어요.

你给仙人掌浇的水太多了。
Nǐ gěi xiānrénzhǎng jiāo de shuǐ tài duō le.
니 게이 시엔런장 쟈오 더 수이 타이 뚜어 러

💬 장미는 특별히 잘 보살펴야 해요.

玫瑰需要特别的照料。
Méiguī xūyào tèbié de zhàoliào.
메이꾸이 쉬야오 터비에 더 자오랴오

💬 나는 정원에 튤립을 심었다.

我在院子里种了郁金香。
Wǒ zài yuànzili zhòng le yùjīnxiāng.
워 짜이 위엔쯔리 중 러 위진시앙

💬 요즘 그는 정원 가꾸기에 몰두하고 있다.

最近他热衷于园艺。
Zuìjìn tā rèzhōngyú yuányì.
쭈이진 타 러중위 위엔이

💬 네 꽃은 잘 자라는데, 왜 내 것은 모두 죽어 가지?

你的花长得很好，为什么我养的都快死了？
Nǐ de huā zhǎng de hěn hǎo, wèishénme wǒ yǎngde dōu kuài sǐ le?
니 더 후아 장 더 헌 하오, 웨이선머 워 양더 떠우 콰이 쓰 러?

💬 어제 나는 식물을 정원에 옮겨 심었다.

昨天我把植物都移栽到院子里了。
Zuótiān wǒ bǎ zhíwù dōu yízāi dào yuànzili le.
쭈어티엔 워 바 즈우 떠우 이짜이 따오 위엔쯔리 러

💬 그녀는 정원에 꽃을 심어서, 정원을 아름답게 꾸몄다.

她在院子里种花，把院子装点得很漂亮。

Tā zài yuànzili zhòng huā, bǎ yuànzi zhuāngdiǎn de hěn piàoliang.

타 짜이 위엔쯔리 중 후아, 바 위엔쯔 주앙디엔 더 헌 퍄오리앙

💬 나는 시간이 날 때마다 정원의 잡초를 뽑는다.

我一有空就给院子除草。

Wǒ yì yǒukòng jiù gěi yuànzi chúcǎo.

워 이 여우쿵 지우 게이 위엔쯔 추차오

Chapter 4
어디에서든 문제없어!

Unit 1 **음식점**
Unit 2 **쇼핑**
Unit 3 **병원 & 약국**
Unit 4 **은행 & 우체국**
Unit 5 **미용실**
Unit 6 **세탁소**
Unit 7 **영화관 & 기타 공연장**

Unit 1 음식점

MP3. C4_U1

음식점 추천

💬 간단한 음식을 좀 먹고 싶은데.

想吃点简单的饭菜。
Xiǎng chī diǎn jiǎndān de fàncài.
시앙 츠 디엔 지엔딴 더 판차이

💬 이 근처에 맛있는 음식점 있어요?

这附近有好吃的餐厅吗?
Zhè fùjìn yǒu hǎochī de cāntīng ma?
저 푸진 여우 하오츠 더 찬팅 마?

💬 근처에 비교적 맛있는 음식점을 추천해 주세요.

请推荐一下附近比较好吃的餐厅。
Qǐng tuījiàn yíxià fùjìn bǐjiào hǎochī de cāntīng.
칭 투이지엔 이시아 푸진 비쟈오 하오츠 더 찬팅

💬 이 시간에 문을 연 음식점이 있나?

这个时间有开门的餐厅吗?
Zhè ge shíjiān yǒu kāimén de cāntīng ma?
저 거 스지엔 여우 카이먼 더 찬팅 마?

💬 어떤 곳에 음식점이 좀 많이 있나요?

什么地方餐厅比较集中?
Shénme dìfang cāntīng bǐjiào jízhōng?
선머 띠팡 찬팅 비쟈오 지중?

음식점 예약

💬 내가 음식점을 예약해도 될까?

我来预定餐厅好吗?
Wǒ lái yùdìng cāntīng hǎo ma?
워 라이 위띵 찬팅 하오 마?

💬 저 음식점을 예약해 주세요.

请帮我预定那个餐厅。
Qǐng bāng wǒ yùdìng nà ge cāntīng.
칭 빵 워 위띵 나 거 찬팅

💬 예약하시겠어요?

要预定吗?
Yào yùdìng ma?
야오 위띵 마?

💬 창가 쪽 자리로 예약해 주세요.

请帮我预定一个靠窗的座位。
Qǐng bāng wǒ yùdìng yí ge kàochuāng de zuòwèi.
칭 빵 워 위띵 이 거 카오추앙 더 쭈어웨이

💬 예약을 취소해 주세요.

请帮我取消预约。
Qǐng bāng wǒ qǔxiāo yùyuē.
칭 빵 워 취샤오 위위에

식당 안내

💬 몇 분이세요?

请问您几位？
Qǐngwèn nín jǐ wèi?
칭원 닌 지 웨이?

💬 다섯 명입니다.

五个人。
Wǔ ge rén.
우 거 런

💬 흡연석으로 드릴까요 금연석으로 드릴까요?

你需要吸烟席还是禁烟席？
Nǐ xūyào xīyānxí háishi jìnyānxí?
니 쉬야오 시이엔시 하이스 진이엔시?

💬 금연석으로 주세요.

请给我禁烟席。
Qǐng gěi wǒ jìnyānxí.
칭 게이 워 진이엔시

💬 죄송하지만, 지금은 자리가 모두 찼습니다.

对不起，现在座位都满了。
Duìbuqǐ, xiànzài zuòwèi dōu mǎn le.
뚜이부치, 시엔짜이 쭈어웨이 떠우 만 러

메뉴 보기

💬 메뉴판 좀 볼 수 있어요?

我可以看一下菜单吗？
Wǒ kěyǐ kàn yíxià càidān ma?
워 커이 칸 이시아 차이딴 마?

💬 오늘 추천 메뉴가 있나요?

今天有推荐的菜吗?
Jīntiān yǒu tuījiàn de cài ma?
진티엔 여우 투이지엔 더 차이 마?

💬 메뉴판 좀 더 보고 싶은데요.

我想再看一下菜单。
Wǒ xiǎng zài kàn yíxià càidān.
워 시앙 짜이 칸 이시아 차이딴

💬 이따가 다시 주문할게요.

我一会儿再点菜。
Wǒ yíhuìr zài diǎncài.
워 이후얼 짜이 디엔차이

💬 이곳의 특선 요리는 뭔가요?

这里的特色菜是什么?
Zhèli de tèsè cài shì shénme?
저리 더 터쎄 차이 스 선머?

💬 베이징 오리구이는 우리 가게의 간판 메뉴입니다.

北京烤鸭是我们店的招牌菜。
Běijīng kǎoyā shì wǒmen diàn de zhāopáicài.
베이징 카오야 스 워먼 띠엔 더 자오파이차이

주문 전

💬 주문하시겠습니까?

请问要点餐吗?
Qǐngwèn yào diǎncān ma?
칭원 야오 디엔찬 마?

💬 지금 주문해도 돼요?

现在可以点餐吗?
Xiànzài kěyǐ diǎncān ma?
시엔짜이 커이 디엔찬 마?

💬 뭘 주문하시겠습니까?

请问您要来点什么?
Qǐngwèn nín yào láidiǎn shénme?
칭원 닌 야오 라이디엔 선머?

💬 먼저 음료부터 시킬게요.

我先点饮料。
Wǒ xiān diǎn yǐnliào.
워 시엔 디엔 인랴오

💬 주문하고 싶은데요.

我想点餐。
Wǒ xiǎng diǎncān.
워 시앙 디엔찬

주문

💬 네, 이것을 주문할게요.

好的，就点这个。
Hǎode, jiù diǎn zhège.
하오더, 지우 디엔 저거

💬 이것으로 주세요.

请给我这个。
Qǐng gěi wǒ zhège.
칭 게이 워 저거

💬 저도 같은 것으로 주세요.

我也要一样的。
Wǒ yě yào yíyàngde.
워 이에 야오 이양더

💬 지금 주문하신 것을 확인해 보겠습니다.

现在确认一下您点的菜。
Xiànzài quèrèn yíxià nín diǎn de cài.
시엔짜이 취에런 이시아 닌 디엔 더 차이

💬 더 필요하신 것은 없으세요?

还需要点什么吗?
Hái xūyào diǎn shénme ma?
하이 쉬야오 디엔 선머 마?

💬 스테이크는 얼마나 익혀 드릴까요?

牛排要几成熟?
Niúpái yào jǐ chéng shú?
니우파이 야오 지 청 수?

💬 미디엄으로 주세요.

五成熟。
Wǔ chéng shú.
우 청 수

💬 웰던으로 주세요.

请给我全熟的。
Qǐng gěi wǒ quánshúde.
칭 게이 워 취엔수더

💬 달걀은 얼마나 익혀 드릴까요?

蛋黄要几成熟的?
Dànhuáng yào jǐ chéng shúde?
딴후앙 야오 지 청 수더?

💬 볶은 걸로요.

我要炒的。
Wǒ yào chǎode.
워 야오 차오더

💬 위샹러우쓰 하나 주세요.

请给来一份鱼香肉丝。
Qǐng gěi lái yí fèn yúxiāngròusī.
칭 게이 라이 이 펀 위시앙러우쓰

💬 궁바오지딩에 소금과 기름은 조금만 넣어 주세요.

宫保鸡丁少盐少油。
Gōngbǎojīdīng shǎo yán shǎo yóu.
꿍바오지띵 사오 이엔 사오 여우

💬 쑹수꾸위 주세요. 쏘가리 싯가는 얼마죠?

来个松鼠桂鱼，桂鱼时价是多少？

Lái ge sōngshǔguìyú, guìyú shíjià shì duōshǎo?
라이 거 쑹수꾸이위, 꾸이위 스지아 스 뚜어사오?

> 松鼠桂鱼는 쏘가리를 튀겨 양념한 쑤저우의 전통 요리로,
> 그 모양이 마치 다람쥐(松鼠) 같아서 붙여진 이름입니다.

💬 모든 요리에 고수는 넣지 마세요.

所有的菜都不要加香菜。

Suǒyǒu de cài dōu búyào jiā xiāngcài.
쑤어여우 더 차이 떠우 부야오 지아 시앙차이

💬 냉채 네 개, 더운 요리 여섯 개, 탕 하나 더요!

四个冷菜，六个热菜，再来一个汤吧!

Sì ge lěngcài, liù ge rècài, zài lái yí ge tāng ba!
쓰 거 렁차이, 리우 거 러차이, 짜이 라이 이 거 탕 바!

💬 아가씨, 칭다오 맥주 두 병 주세요, 시원한 걸로요.

小姐，来两瓶青岛啤酒，要冰镇的。

Xiǎojiě, lái liǎng píng Qīngdǎo píjiǔ, yào bīngzhèn de.
샤오지에, 라이 리앙 핑 칭다오 피지우, 야오 삥전 더

음료

💬 실례지만 어떤 음료로 하시겠습니까?

请问您来点什么饮料?
Qǐngwèn nín lái diǎn shénme yǐnliào?
칭원 닌 라이 디엔 선머 인랴오?

💬 어떤 술로 주문하시겠습니까?

您来点什么酒?
Nín lái diǎn shénme jiǔ?
닌 라이 디엔 선머 지우?

💬 물 주시면 돼요.

给我水就行。
Gěi wǒ shuǐ jiù xíng.
게이 워 수이 지우 싱

💬 커피 주세요.

请给我咖啡。
Qǐng gěi wǒ kāfēi.
칭 게이 워 카페이

💬 우롱차 주세요.

请给我乌龙茶。
Qǐng gěi wǒ wūlóngchá.
칭 게이 워 우롱차

요구 사항

💬 소금을 넣지 마세요.

请不要放盐。
Qǐng búyào fàng yán.
칭 부야오 팡 이엔

💬 고수를 넣지 마세요.

请不要放香菜。
Qǐng búyào fàng xiāngcài.
칭 부야오 팡 시앙차이

💬 너무 맵게 하지 마세요.

请不要做得太辣。
Qǐng búyào zuò de tài là.
칭 부야오 쭈어 더 타이 라

💬 빵을 좀 더 주세요.

请再给我点面包。
Qǐng zài gěi wǒ diǎn miànbāo.
칭 짜이 게이 워 디엔 미엔빠오

💬 이것 더 주시겠어요?

可以多给我些这个吗?
Kěyǐ duō gěi wǒ xiē zhège ma?
커이 뚜어 게이 워 시에 저거 마?

💬 남은 것 싸 주세요.

请把剩下的打一下包。
Qǐng bǎ shèngxiàde dǎ yíxià bāo.
칭 바 성시아더 다 이시아 빠오

종업원과 대화

💬 오늘 제가 서비스를 합니다.

今天由我来为您服务。
Jīntiān yóu wǒ lái wèi nín fúwù.
진티엔 여우 워 라이 웨이 닌 푸우

💬 이 음식은 어떤 재료를 썼나요?

这道菜用的什么材料？
Zhè dào cài yòngde shénme cáiliào?
저 따오 차이 융더 선머 차이랴오?

💬 이 요리는 어떻게 하죠?

这道菜怎么做？
Zhè dào cài zěnme zuò?
저 따오 차이 쩐머 쭈어?

💬 젓가락을 떨어뜨렸어요.

我把筷子弄掉了。
Wǒ bǎ kuàizi nòngdiào le.
워 바 콰이쯔 눙땨오 러

💬 테이블의 물을 좀 닦아 주세요.

请帮我把桌子上的水擦一下。
Qǐng bāng wǒ bǎ zhuōzishang de shuǐ cā yíxià.
칭 빵 워 바 주어쯔상 더 수이 차 이시아

서비스 불만

💬 제가 주문한 요리가 아직 안 나왔어요.

我点的菜还没来。
Wǒ diǎn de cài hái méi lái.
워 디엔 더 차이 하이 메이 라이

💬 이것은 제가 주문한 요리가 아닌데요!

这不是我点的菜啊!
Zhè búshì wǒ diǎn de cài a!
저 부스 워 디엔 더 차이 아!

💬 고기가 전혀 익지 않았어요.

肉并没有全熟啊。
Ròu bìng méiyǒu quánshú a.
러우 삥 메이여우 취엔수 아

💬 다시 한 번 구워 주시겠어요?

能不能再给我烤一下?
Néngbunéng zài gěi wǒ kǎo yíxià?
넝부넝 짜이 게이 워 카오 이시아?

💬 이것은 이미 상한 것 같은데요.

这个好像已经变质了。
Zhège hǎoxiàng yǐjīng biànzhì le.
저거 하오시앙 이징 삐엔즈 러

음식 맛 평가

💬 오늘의 요리가 맛이 어떠셨어요?

今天的饭菜味道如何?
Jīntiān de fàncài wèidào rúhé?
진티엔 더 판차이 웨이따오 루허?

💬 이렇게 맛있는 음식은 처음 먹어봤어요.

第一次品尝到这么美味的饭菜。
Dì yī cì pǐnchángdào zhème měiwèi de fàncài.
띠 이 츠 핀창따오 저머 메이웨이 더 판차이

💬 좀 달았어요.

好像有点甜。
Hǎoxiàng yǒudiǎn tián.
하오시앙 여우디엔 티엔

💬 맛이 좀 싱거웠어요.

味道比较淡。
Wèidào bǐjiào dàn.
웨이따오 비쟈오 딴

💬 좀 느끼했어요.

有点油腻。
Yǒudiǎn yóunì.
여우디엔 여우니

油比较大。
Yóu bǐjiào dà.
여우 비쟈오 따

계산

💬 제가 계산할게요.

请给我账单。
Qǐng gěi wǒ zhàngdān.
칭 게이 워 장딴

💬 어디에서 계산하나요?

在哪里结账?
Zài nǎli jiézhàng?
짜이 나리 지에장?

💬 우리 각자 내요.

我们各付各的。
Wǒmen gèfùgède.
워먼 꺼푸꺼더

💬 오늘 제가 한턱낼게요.

今天我请客。
Jīntiān wǒ qǐngkè.
진티엔 워 칭커

💬 모두 얼마예요?

一共是多少钱?
Yígòng shì duōshǎo qián?
이꿍 스 뚜어사오 치엔?

💬 모두 35위안입니다.

一共是35块钱。
Yígòng shì sānshíwǔ kuàiqián.
이꿍 스 싼스우 콰이치엔

- 신용 카드로 해도 돼요?

  可以用信用卡吗?
  Kěyǐ yòng xìnyòngkǎ ma?
  커이 융 신용카 마?

- 현금으로 계산하시겠어요 신용 카드로 계산하시겠어요?

  您用现金还是信用卡结算?
  Nín yòng xiànjīn háishi xìnyòngkǎ jiésuàn?
  닌 융 시엔진 하이스 신용카 지에쑤안?

- 현금으로 할게요.

  用现金。
  Yòng xiànjīn.
  융 시엔진

- 카드로 할게요.

  用卡。
  Yòng kǎ.
  융 카

- 이것은 거스름돈입니다.

  这是找给您的钱。
  Zhè shì zhǎo gěi nín de qián.
  저 스 자오 게이 닌 더 치엔

💬 이것은 영수증입니다.

这是您的发票。
Zhè shì nín de fāpiào.
저 스 닌 더 파퍄오

💬 영수증 주세요.

请给我开一张发票。
Qǐng gěi wǒ kāi yì zhāng fāpiào.
칭 게이 워 카이 이 장 파퍄오

커피

💬 같이 커피 어때요?

一起喝杯咖啡怎么样?
Yìqǐ hē bēi kāfēi zěnmeyàng?
이치 허 뻬이 카페이 쩐머양?

💬 우리 커피 마시면서 얘기해요.

我们边喝咖啡边说吧。
Wǒmen biān hē kāfēi biān shuō ba.
워먼 삐엔 허 카페이 삐엔 수어 바

💬 에스프레소 커피 주세요.

请给我浓咖啡。
Qǐng gěi wǒ nóngkāfēi.
칭 게이 워 눙카페이

💬 커피에 설탕과 크림을 넣으세요?

咖啡要放糖和奶油吗?
Kāfēi yào fàng táng hé nǎiyóu ma?
카페이 야오 팡 탕 허 나이여우 마?

💬 설탕과 크림을 넣어 주세요.

请给我放糖和奶油。
Qǐng gěi wǒ fàng táng hé nǎiyóu.
칭 게이 워 팡 탕 허 나이여우

패스트푸드

💬 다음 손님, 주문하세요.

下一位，请点餐。
Xià yí wèi, qǐng diǎncān.
시아 이 웨이, 칭 디엔찬

💬 마요네즈를 넣지 마세요.

请不要加沙拉酱。
Qǐng búyào jiā shālājiàng.
칭 부야오 지아 사라지앙

💬 실례지만 여기에서 드실 건가요
가져가실 건가요?

请问在这里吃还是打包?
Qǐngwèn zài zhèli chī háishi dǎbāo?
칭원 짜이 저리 츠 하이스 다빠오?

💬 햄버거 안에 치즈가 있나요?

汉堡包里有奶酪吗?
Hànbǎobāoli yǒu nǎilào ma?
한바오빠오리 여우 나이라오 마?

💬 1분 안에 준비가 다 됩니다.

一分钟之内给您准备好。
Yì fēnzhōng zhīnèi gěi nín zhǔnbèihǎo.
이 펀중 즈네이 게이 닌 준뻬이하오

배달

💬 해산물 피자 배달 되나요?

海鲜比萨饼可以送餐吗?
Hǎixiān bǐsàbǐng kěyǐ sòngcān ma?
하이시엔 비싸빙 커이 쑹찬 마?

💬 배달 애플리케이션에서 주문하자!

在手机外卖软件上订餐吧!
Zài shǒujī wàimài ruǎnjiànshang dìngcān ba!
짜이 서우지 와이마이 루안지엔상 띵찬 바!

💬 나한테 99위안에 피자 두 판을 시킬 수 있는 쿠폰이 있어.

我有99块能点两盘比萨饼的优惠券。
Wǒ yǒu jiǔshíjiǔ kuài néng diǎn liǎng pán bǐsàbǐng de yōuhuìquàn.
워 여우 지우스지우 콰이 넝 디엔 리앙 판 비싸빙 더 여우후이취엔

💬 배달하는 데 얼마나 걸려요?

送餐需要多长时间?
Sòngcān xūyào duōcháng shíjiān?
쑹찬 쉬야오 뚜어창 스지엔?

💬 30분 내에 도착합니다.

30分钟以内送到。
Sānshí fēnzhōng yǐnèi sòngdào.
싼스 펀중 이네이 쑹따오

Unit 2 쇼핑

쇼핑

💬 같이 쇼핑하러 가지 않을래?

你不要一起去逛街吗?
Nǐ búyào yìqǐ qù guàngjiē ma?
니 부야오 이치 취 꾸앙지에 마?

💬 나는 쇼핑광이야.

我是购物狂。
Wǒ shì gòuwùkuáng.
워 스 꺼우우쿠앙

💬 너는 명품만 좋아하는구나.

你只喜欢名牌啊。
Nǐ zhǐ xǐhuan míngpái a.
니 즈 시후안 밍파이 아

💬 충동구매를 하지 않으려면, 쇼핑 리스트를 써야 한다.

> **要是不想冲动购物的话，应该写出购买清单。**
> Yàoshi bùxiǎng chōngdòng gòuwù dehuà, yīnggāi xiěchū gòumǎi qīngdān.
> 야오스 뿌시앙 충뚱 꺼우우 더후아, 잉까이 시에추 꺼우마이 칭딴

💬 한 시간밖에 없어서, 백화점을 간단하게 한 바퀴 돌았다.

> **只有一个小时的时间，所以在百货商店简单地转了一圈。**
> Zhǐyǒu yí ge xiǎoshí de shíjiān, suǒyǐ zài bǎihuò shāngdiàn jiǎndānde zhuàn le yì quān.
> 즈여우 이 거 샤오스 더 스지엔, 쑤어이 짜이 바이후어 상띠엔 지엔딴더 주안 러 이 취엔

💬 쇼핑센터에 가면, 각양각색의 가게가 있어서 쇼핑할 수 있다.

> **去购物中心的话，有各种各样的商店可以购物。**
> Qù gòuwù zhōngxīn dehuà, yǒu gèzhǒnggèyàng de shāngdiàn kěyǐ gòuwù.
> 취 꺼우우 중신 더후아, 여우 꺼중꺼양 더 상띠엔 커이 꺼우우

💬 쇼핑센터에 가서 물건을 사면, 시간을 절약할 수 있다.

去购物中心买东西的话，可以节省时间。

Qù gòuwù zhōngxīn mǎi dōngxi dehuà, kěyǐ jiéshěng shíjiān.

취 꺼우우 중신 마이 뚱시 더후아, 커이 지에성 스지엔

💬 나는 친구들과 쇼핑센터에 가서 돌아다니기를 좋아해요.

我喜欢和朋友去购物中心闲逛。

Wǒ xǐhuan hé péngyou qù gòuwù zhōngxīn xiánguàng.

워 시후안 허 펑여우 취 꺼우우 중신 시엔꾸앙

💬 나는 이미 지쳤어, 여기에서 너한테 끌려 두 시간이나 돌아다녔다고.

我已经累垮了，我被你拖着在这里逛了两个小时了。

Wǒ yǐjīng lèikuǎ le, wǒ bèi nǐ tuōzhe zài zhèli guàng le liǎng ge xiǎoshí le.

워 이징 레이쿠아 러, 워 뻬이 니 투어저 짜이 저리 꾸앙 러 리앙 거 샤오스 러

옷 가게

💬 실례합니다, 뭘 도와드릴까요?

请问，您需要什么帮助吗?
Qǐngwèn, nín xūyào shénme bāngzhù ma?
칭원, 닌 쉬야오 션머 빵주 마?

💬 그냥 좀 둘러볼게요.

只是看一看。
Zhǐshì kànyikàn.
즈스 칸이칸

💬 요즘 어떤 스타일이 유행하죠?

最近流行什么款?
Zuìjìn liúxíng shénme kuǎn?
쭈이진 리우싱 션머 쿠안?

💬 이건 이미 유행이 지난 것 같은데요.

这个好像已经过时了。
Zhège hǎoxiàng yǐjīng guòshí le.
저거 하오시앙 이징 꾸어스 러

💬 한번 입어 봐도 될까요?

可以试穿一下吗？
Kěyǐ shìchuān yíxià ma?
커이 스추안 이시아 마?

💬 어떤 사이즈 입으세요?

您穿什么号？
Nín chuān shénme hào?
닌 추안 선머 하오?

💬 미디엄 사이즈는 나에게는 별로 맞지 않아요. 아마 라지 사이즈를 입어야 할 거예요.

中号对我来说不太合适，我可能要穿大号的。
Zhōnghào duì wǒ láishuō bútài héshì, wǒ kěnéng yào chuān dàhàode.
중하오 뚜이 워 라이수어 부타이 허스, 워 커넝 야오 추안 따하오더

💬 한 사이즈 더 큰 것 있어요?

有大一号的吗？
Yǒu dà yí hàode ma?
여우 따 이 하오더 마?

💬 저는 그렇게 끼는 옷을 입을 수 없어요.

我可穿不了那么紧的衣服。
Wǒ kě chuānbuliǎo nàme jǐn de yīfu.
워 커 추안부랴오 나머 진 더 이푸

💬 다른 색 있어요?

有没有别的颜色?
Yǒuméiyǒu biéde yánsè?
여우메이여우 비에더 이엔써?

💬 빨간색 있어요?

有红色的吗?
Yǒu hóngsède ma?
여우 훙써더 마?

옷 고르기

💬 어울려!

很合适!
Hěn héshì!
헌 허스!

💬 정말 너한테 어울리네!

真适合你!
Zhēn shìhé nǐ!
전 스허 니!

💬 이것은 바로 제가 찾던 거예요.

这个就是我要找的。
Zhège jiùshì wǒ yào zhǎode.
저거 지우스 워 야오 자오더

💬 당신 저 옷을 사는 게 좋겠어요.

你买那件比较好。
Nǐ mǎi nà jiàn bǐjiào hǎo.
니 마이 나 지엔 비쟈오 하오

💬 가격도 적당한 편이니, 저 옷을 사겠어요.

价格也比较合适，就买那件吧。
Jiàgé yě bǐjiào héshì, jiù mǎi nà jiàn ba.
지아거 이에 비쟈오 허스, 지우 마이 나 지엔 바

💬 몇 군데 더 돌아보고 결정하자!

再转几个地方再决定吧!
Zài zhuàn jǐ ge dìfang zài juédìng ba!
짜이 주안 지 거 띠팡 짜이 쥐에띵 바!

마트

💬 전자제품은 어디에서 팔아요?

电子商品在哪里卖?
Diànzǐ shāngpǐn zài nǎli mài?
띠엔쯔 상핀 짜이 나리 마이?

💬 식품은 지하에 있어요?

食品类在地下吗?
Shípǐnlèi zài dìxià ma?
스핀레이 짜이 띠시아 마?

💬 역시 쇼핑카트가 있는 게 더 좋겠어요.

还是有购物车更好些吧。
Háishi yǒu gòuwùchē gèng hǎoxiē ba.
하이스 여우 꺼우우처 껑 하오시에 바

💬 시식해도 돼요?

可以试吃吗?
Kěyǐ shìchī ma?
커이 스츠 마?

💬 죄송합니다. 이것은 이미 다 팔렸어요.

对不起，这个已经卖光了。
Duìbuqǐ, zhège yǐjīng màiguāng le.
뚜이부치, 저거 이징 마이꾸앙 러

할인

💬 지금 할인하고 있어요?

现在在打折吗？
Xiànzài zài dǎzhé ma?
시엔짜이 짜이 다저 마?

💬 지금은 여름 할인입니다.

现在是夏季打折。
Xiànzài shì xiàjì dǎzhé.
시엔짜이 스 시아지 다저

现在是夏季优惠活动。
Xiànzài shì xiàjì yōuhuì huódòng.
시엔짜이 스 시아지 여우후이 후어뚱

💬 겨울 할인이 곧 일주일 동안 지속됩니다.

冬季优惠活动将持续一周。
Dōngjì yōuhuì huódòng jiāng chíxù yì zhōu.
뚱지 여우후이 후어뚱 지앙 츠쉬 이 저우

💬 봄 할인은 이번 주 금요일부터 시작합니다.

春季优惠活动从本周五开始。
Chūnjì yōuhuì huódòng cóng běn zhōuwǔ kāishǐ.
춘지 여우후이 후어뚱 충 번 저우우 카이스

💬 연말 할인은 12월 20일부터 31일까지입니다.

岁末打折从12月20号开始到31号结束。
Suìmò dǎzhé cóng shí'èr yuè èrshí hào kāishǐ dào sānshíyī hào jiéshù.
쑤이모 다저 충 스얼 위에 얼스 하오 카이스 따오 싼스이 하오 지에수

💬 언제 할인해요?

什么时候打折?
Shénme shíhou dǎzhé?
선머 스허우 다저?

💬 할인은 언제 끝나요?

打折活动什么时候结束?
Dǎzhé huódòng shénme shíhou jiéshù?
다저 후어뚱 선머 스허우 지에수?

💬 할인은 어제로 이미 끝났어요.

打折活动到昨天已经结束了。
Dǎzhé huódòng dào zuótiān yǐjīng jiéshù le.
다저 후어뚱 따오 쭈어티엔 이징 지에수 러

💬 이 상품은 언제 다시 할인할까요?

这个商品什么时候还会再打折?
Zhè ge shāngpǐn shénme shíhou hái huì zài dǎzhé?
저 거 상핀 선머 스허우 하이 후이 짜이 다저?

💬 이 할인 가격은 5월 30일까지입니다.

这个打折价格，到5月30号为止。
Zhè ge dǎzhé jiàgé, dào wǔ yuè sānshí hào wéizhǐ.
저 거 다저 지아거, 따오 우 위에 싼스 하오 웨이즈

할인 내역

💬 전 상품은 20% 할인합니다.

全部商品打八折。
Quánbù shāngpǐn dǎ bāzhé.
취엔뿌 샹핀 다 빠저

💬 오늘은 25% 할인합니다.

今天打七五折。
Jīntiān dǎ qīwǔzhé.
진티엔 다 치우저

💬 정가는 100위안인데, 할인해서 80위안입니다.

正价是100块，打折以后是80块。
Zhèngjià shì yìbǎi kuài, dǎzhé yǐhòu shì bāshí kuài.
정지아 스 이바이 콰이, 다저 이허우 스 빠스 콰이

💬 티셔츠가 할인 중이라서, 세 벌 사시면 한 벌 끼워 드립니다.

T恤衫正在打折，买三套送一套。
T xùshān zhèngzài dǎzhé, mǎi sān tào sòng yí tào.
티쉬산 정짜이 다저, 마이 싼 타오 쏭 이 타오

💬 어떤 상품들이 할인하고 있어요?

哪些商品正在打折？
Nǎxiē shāngpǐn zhèngzài dǎzhé?
나시에 상핀 정짜이 다저?

할부

💬 할부로 구매할 수 있어요?

可以分期付款购买吗？
Kěyǐ fēnqī fùkuǎn gòumǎi ma?
커이 펀치 푸쿠안 꺼우마이 마?

> 중국도 할부 판매가 있지만, 우리나라처럼 흔하지 않습니다. 보통 3, 6, 12개월 할부가 가능하고 일부에서는 24개월 할부도 있습니다. 할부로 구입할 때는 신분증을 요구하기도 합니다.

💬 할부로 차를 사고 싶어요.

我想分期付款买车。
Wǒ xiǎng fēnqī fùkuǎn mǎi chē.
워 시앙 펀치 푸쿠안 마이 처

💬 3개월 할부는 수수료가 무료입니다.

分三个月付款免手续费。
Fēn sān ge yuè fùkuǎn miǎn shǒuxùfèi.
펀 싼 거 위에 푸쿠안 미엔 서우쉬페이

💬 일시불이에요 아니면 할부예요?

一次性付款还是分期付款?
Yícìxìng fùkuǎn háishi fēnqī fùkuǎn?
이츠싱 푸쿠안 하이스 펀치 푸쿠안?

💬 할부로 사면 수수료를 내야 하나요?

分期付款的话要付手续费吗?
Fēnqī fùkuǎn dehuà yào fù shǒuxùfèi ma?
펀치 푸쿠안 더후아 야오 푸 서우쉬페이 마?

> 3개월 할부는 보통 수수료가 없고, 그 이상이 되면 일부 수수료가 청구됩니다.

배송

💬 집까지 배달해 주실 수 있어요?

可以送货到家吗?
Kěyǐ sònghuò dào jiā ma?
커이 쏭후어 따오 지아 마?

💬 배송비는 어떻게 계산하죠?

运费怎么算呢?
Yùnfèi zěnme suàn ne?
윈페이 쩐머 쑤안 너?

💬 이 상품의 가격에는 배송비가 포함되지 않습니다.

这个商品的价格里不包括运费。
Zhè ge shāngpǐn de jiàgéli bù bāokuò yùnfèi.
저 거 상핀 더 지아거리 뿌 빠오쿠어 윈페이

💬 언제 배달해 주세요?

什么时候送货?
Shénme shíhou sònghuò?
선머 스허우 쑹후어?

💬 구매한 다음 날 보내 드립니다.

购买的第二天就可以送到。
Gòumǎi de dì èr tiān jiù kěyǐ sòngdào.
꺼우마이 더 띠 얼 티엔 지우 커이 쑹따오

반품 & 교환

💬 반품해 주세요.

请给我退货。
Qǐng gěi wǒ tuìhuò.
칭 게이 워 투이후어

💬 반품 규정이 뭐예요?

退货的规则是什么?
Tuìhuò de guīzé shì shénme?
투이후어 더 꾸이쩌 스 선머?

退货有什么规定吗?
Tuìhuò yǒu shénme guīdìng ma?
투이후어 여우 선머 꾸이띵 마?

💬 반품 기간은 언제까지입니까?

多长时间内可以退换?
Duōcháng shíjiān nèi kěyǐ tuìhuàn?
뚜어창 스지엔 네이 커이 투이후안?

💬 구매일로부터 2주 내입니다.

购买日起两周之内。
Gòumǎirì qǐ liǎng zhōu zhīnèi.
꺼우마이르 치 리앙 저우 즈네이

💬 영수증이 없으면, 반품이 안 됩니다.

没有发票的话，无法退货。
Méiyǒu fāpiào dehuà, wúfǎ tuìhuò.
메이여우 파퍄오 더후아, 우파 투이후어

Unit 3 병원 & 약국

병원 예약 & 수속

💬 접수처가 어디예요?

挂号处在哪里?
Guàhàochù zài nǎli?
꾸아하오추 짜이 나리?

💬 진찰을 예약하려고요.

我想预约挂号。
Wǒ xiǎng yùyuē guàhào.
워 시앙 위위에 꾸아하오

💬 실례지만 저희 병원에 처음 오셨나요?

请问是第一次光临我们医院吗?
Qǐngwèn shì dì yī cì guānglín wǒmen yīyuàn ma?
칭원 스 띠 이 츠 꾸앙린 워먼 이위엔 마?

💬 오늘이 처음인데요.

今天是第一次。
Jīntiān shì dì yī cì.
진티엔 스 띠 이 츠

💬 예약을 하지 않았는데, 지금 진찰 접수할 수 있나요?

虽然没预约，现在能挂号看病吗？
Suīrán méi yùyuē, xiànzài néng guàhào kànbìng ma?
쑤이란 메이 위위에, 시엔짜이 넝 꾸아하오 칸삥 마?

💬 정 씨는 1시 진료를 예약했습니다.

郑先生预约了一点的诊疗。
Zhèng xiānsheng yùyuē le yī diǎn de zhěnliáo.
정 시엔성 위위에 러 이 디엔 더 전랴오

💬 몇 시에 진찰할 수 있어요?

几点能看病？
Jǐ diǎn néng kànbìng?
지 디엔 넝 칸삥?

💬 무슨 과로 접수하시겠어요?

您想挂哪个科？
Nín xiǎng guà nǎ ge kē?
닌 시앙 꾸아 나 거 커?

💬 건강검진을 받고 싶은데요.

我想体检。
Wǒ xiǎng tǐjiǎn.
워 시앙 티지엔

💬 요즘 휴대 전화에서 진찰을 접수할 수 있다.

最近在手机上可以挂号。
Zuìjìn zài shǒujīshang kěyǐ guàhào.
쭈이진 짜이 서우지상 커이 꾸아하오

진료

💬 어디가 불편하세요?

您哪里不舒服?
Nín nǎli bù shūfu?
닌 나리 뿌 수푸?

💬 어떤 증상이 있나요?

有哪些症状?
Yǒu nǎxiē zhèngzhuàng?
여우 나시에 정주앙?

💬 전에 어떤 질병을 앓았나요?

以前有过哪些疾病？
Yǐqián yǒuguo nǎxiē jíbìng?
이치엔 여우구어 나시에 지삥?

💬 체온을 좀 재 보겠습니다.

我来给您量一下体温。
Wǒ lái gěi nín liáng yíxià tǐwēn.
워 라이 게이 닌 리앙 이시아 티원

💬 심호흡 하세요.

深呼吸。
Shēn hūxī.
선 후시

외과

💬 발이 부었어요.

我的脚肿了。
Wǒ de jiǎo zhǒng le.
워 더 쟈오 즁 러

💬 교통사고가 나서, 내 다리가 부러졌어요.

出车祸了，我的腿断了。
Chū chēhuò le, wǒ de tuǐ duàn le.
추 처후어 러, 워 더 투이 두안 러

💬 넘어져서, 무릎이 까졌어요.

我摔倒了，膝盖破皮了。
Wǒ shuāidǎo le, xīgài pò pí le.
워 쑤아이다오 러, 시까이 포 피 러

💬 허리가 아파요.

我的腰很疼。
Wǒ de yāo hěn téng.
워 더 야오 헌 텅

💬 발목이 삐었어요.

脚脖子扭了。
Jiǎobózi le.
쟈오보쯔 니우 러

💬 어깨가 아파 죽겠어요.

肩膀痛死了。
Jiānbǎng tòng sǐle.
지엔방 퉁 쓰러

💬 깁스는 언제 풀 수 있어요?

这个石膏什么时候可以摘掉？
Zhè ge shígāo shénme shíhou kěyǐ zhāidiào?
저 거 스까오 선머 스허우 커이 자이땨오?

💬 손가락을 칼에 베었어요.

我被刀子划伤了。
Wǒ bèi dāozi huáshāng le.
워 뻬이 따오쯔 후아상 러

💬 발가락이 동상에 걸렸어요.

我的脚趾被冻伤了。
Wǒ de jiǎozhǐ bèi dòngshāng le.
워 더 쟈오즈 뻬이 똥상 러

💬 온몸에 멍이 들었어요.

全身都青了。
Quánshēn dōu qīng le.
취엔선 떠우 칭 러

내과 - 감기

💬 감기에 걸린 것 같아요.

好像感冒了。
Hǎoxiàng gǎnmào le.
하오시앙 간마오 러

💬 지금 독감이 유행이에요.

现在流感盛行。
Xiànzài liúgǎn shèngxíng.
시엔짜이 리우간 성싱

💬 코가 좀 막혔어요.

鼻子有点堵。
Bízi yǒudiǎn dǔ.
비쯔 여우디엔 두

💬 콧물이 나요.

流鼻涕。
Liú bítì.
리우 비티

💬 코를 풀어라.

擤鼻涕。
Xǐng bítì.
싱 비티

💬 침을 삼킬 때 목이 아파요.

咽唾沫的时候嗓子疼。
Yàn tuòmo de shíhou sǎngzi téng.
이엔 투어모 더 스허우 쌍쯔 텅

💬 목이 쉬었어요.

嗓子哑了。
Sǎngzi yǎ le.
쌍쯔 야 러

내과 - 열

💬 열이 나요.

我发烧了。
Wǒ fāshāo le.
워 파사오 러

💬 열이 38도까지 나요.

烧到38度。
Shāodào sānshíbā dù.
사오따오 싼스빠 뚜

💬 머리가 깨질 것 같아요.

头疼得快裂了。
Tóuténg de kuài liè le.
터우텅 더 콰이 리에 러

💬 열이 내리지 않았어요.

没有退烧。
Méiyǒu tuìshāo.
메이여우 투이사오

没有退热。
Méiyǒu tuìrè.
메이여우 투이러

💬 해열제 먹었어요?

你吃退烧药了没有?
Nǐ chī tuìshāoyào le méiyǒu?
니 츠 투이사오야오 러 메이여우?

내과 - 소화기

💬 배가 아파요.

我肚子疼。
Wǒ dùzi téng.
워 뚜쯔 텅

💬 아랫배가 아파요.

下腹部疼。
Xiàfùbù téng.
시아푸뿌 텅

💬 구역질이 좀 나요.

我觉得有些恶心。
Wǒ juéde yǒuxiē ěxīn.
워 쥐에더 여우시에 어신

💬 위가 안 좋아요.

我胃不舒服。
Wǒ wèi bù shūfu.
워 웨이 뿌 수푸

💬 위가 뒤틀려서, 아파 죽겠어요.

胃绞痛，快疼死我了。
Wèi jiǎotòng, kuài téngsǐ wǒ le.
웨이 쟈오퉁, 콰이 텅쓰 워 러

💬 소화불량이에요.

消化不良。
Xiāohuà bù liáng.
샤오후아 뿌 리앙

💬 먹으면 토해요.

一吃就吐。
Yì chī jiù tù.
이 츠 지우 투

💬 변비예요.

我便秘。
Wǒ biànmì.
워 삐엔미

💬 요즘 며칠 계속 변을 못 봤어요.

最近几天一直没排便。
Zuìjìn jǐ tiān yìzhí méi páibiàn.
쭈이진 지 티엔 이즈 메이 파이삐엔

💬 설사했어요.

我拉肚子了。
Wǒ lādùzi le.
워 라뚜쯔 러

💬 어제 종일 설사했어요.

我昨天拉了一天的肚子。
Wǒ zuótiān lā le yìtiān de dùzi.
워 쭈어티엔 라 러 이티엔 더 뚜쯔

치과 - 치통

💬 이가 좀 아파요.

我的牙有点疼。
Wǒ de yá yǒudiǎn téng.
워 더 야 여우디엔 텅

💬 이가 심하게 아파요.

我牙疼得很厉害。
Wǒ yá téng de hěn lìhai.
워 야 텅 더 헌 리하이

💬 이가 아파요, 뒤쪽의 어금니가 아파요.

我牙疼，后面的磨牙疼。
Wǒ yá téng, hòumiàn de móyá téng.
워 야 텅, 허우미엔 더 모야 텅

💬 먹으면 이가 아파서, 아무것도 못 먹어요.

一吃东西牙就疼，什么都吃不下去。
Yì chī dōngxi yá jiù téng, shénme dōu chībuxiàqu.
이 츠 뚱시 야 지우 텅, 선머 떠우 츠부시아취

💬 이가 아파서, 뭘 먹어도 씹을 수 없어요.

因为牙疼，所以吃什么都不能嚼。
Yīnwèi yá téng, suǒyǐ chī shénme dōu bùnéng jiáo.
인웨이 야 텅, 쑤어이 츠 선머 떠우 뿌넝 쟈오

치과 - 발치

💬 이 이는 좀 흔들려요.

这个牙有点活动了。
Zhè ge yá yǒudiǎn huódòng le.
저 거 야 여우디엔 후어뚱 러

💬 이것도 빼야 할 것 같아요.

这个也好像得拔了。
Zhè ge yě hǎoxiàng děi bá le.
저 거 이에 하오시앙 데이 바 러

💬 사랑니를 빼는 것이 좋겠어요.

最好把智齿拔掉。
Zuìhǎo bǎ zhìchǐ bádiào.
쭈이하오 바 즈츠 바땨오

💬 이 사랑니는 두는 것이 좋겠어요.

这个智齿最好留着。
Zhè ge zhìchǐ zuìhǎo liúzhe.
저 거 즈츠 쭈이하오 리우저

💬 기능과 미관에 영향이 없으면, 덧니를 발치하지 않아요.

如果不影响功能和美观，不用拔掉虎牙。
Rúguǒ bù yǐngxiǎng gōngnéng hé měiguān, búyòng bádiào hǔyá.
루구어 뿌 잉시앙 꿍넝 허 메이꾸안, 부융 바땨오 후야

치과 - 충치

💬 충치가 생긴 것 같아요.

好像长虫牙了。
Hǎoxiàng zhǎng chóngyá le.
하오시앙 장 충야 러

💬 아래쪽 어금니에 충치가 생겼어요.

下面的磨牙长虫牙了。
Xiàmiàn de móyá zhǎng chóngyá le.
시아미엔 더 모야 장 충야 러

💬 충치 두 개가 있는데, 심하지는 않아요.

有两个虫牙，但是坏得不太厉害。
Yǒu liǎng ge chóngyá, dànshì huài de bútài lìhai.
여우 리앙 거 충야, 딴스 화이 더 부타이 리하이

💬 이 충치는 때워야겠어요.

这个虫牙得补上。
Zhè ge chóngyá děi bǔshang.
저 거 충야 데이 부상

245

💬 정기적인 스케일링은 치아 건강에 좋습니다.

定期洗牙对牙的健康很好。
Dìngqī xǐyá duì yá de jiànkāng hěn hǎo.
띵치 시야 뚜이 야 더 지엔캉 헌 하오

기타 진료

💬 꽃가루에 알레르기가 있어요.

对花粉过敏。
Duì huāfěn guòmǐn.
뚜이 후아펀 꾸어민

💬 빈혈이 있어요.

我有贫血。
Wǒ yǒu pínxiě.
워 여우 핀시에

💬 코피가 나요.

出鼻血了。
Chū bíxiě le.
추 비시에 러

💬 고혈압이 있어요.

我有高血压。
Wǒ yǒu gāoxuèyā.
워 여우 까오쉬에야

💬 생리를 한 지 오래되었어요.

月经过去很久没来。
Yuèjīng guòqu hěn jiǔ méi lái.
위에징 꾸어취 헌 지우 메이 라이

입원 & 퇴원

💬 입원 수속을 하려고 합니다.

我要办住院手续。
Wǒ yào bàn zhùyuàn shǒuxù.
워 야오 빤 쭈위엔 서우쉬

💬 입원해야 하나요?

得住院吗?
Děi zhùyuàn ma?
데이 주위엔 마?

💬 얼마나 입원해야 하나요?

要住多长时间的院?
Yào zhù duōcháng shíjiān de yuàn?
야오 주 뚜어창 스지엔 더 위엔?

💬 입원하면 의료 보험이 적용되나요?

住院的话能用医保吗?
Zhùyuàn dehuà néng yòng yībǎo ma?
주위엔 더후아 넝 용 이바오 마?

💬 바로 퇴원 수속하세요.

立即办理出院手续。
Lìjí bànlǐ chūyuàn shǒuxù.
리지 빤리 추위엔 서우쉬

수술

💬 지금 환자의 상태가 위급합니다.

现在病人情况危急。
Xiànzài bìngrén qíngkuàng wēijí.
시엔짜이 삥런 칭쿠앙 웨이지

💬 수술을 해도 아마 이달을 넘기지 못할 겁니다.

做手术也可能挺不过这个月了。
Zuò shǒushù yě kěnéng tǐng búguò zhè ge yuè le.
쭈어 서우수 이에 커넝 팅 부꾸어 저 거 위에 러

💬 수술해야 하나요?

需要手术吗?
Xūyào shǒushù ma?
쉬야오 서우수 마?

💬 수술한 적 있어요?

做过手术吗?
Zuòguo shǒushù ma?
쭈어구어 서우수 마?

💬 맹장 수술을 했습니다.

我做了阑尾炎手术。
Wǒ zuò le lánwěiyán shǒushù.
워 쭈어 러 란웨이이엔 서우수

💬 제왕절개 수술을 했습니다.

我做了剖腹产手术。
Wǒ zuò le pōufùchǎn shǒushù.
워 쭈어 러 포우푸찬 서우수

249

진료비 & 보험

💬 진찰비가 얼마예요?

挂号费多少钱?
Guàhàofèi duōshǎo qián?
꾸아하오페이 뚜어사오 치엔?

💬 건강 보험 있어요?

你有医疗保险吗?
Nǐ yǒu yīliáo bǎoxiǎn ma?
니 여우 이랴오 바오시엔 마?

有医保吗?
Yǒu yībǎo ma?
여우 이바오 마?

💬 건강 보험 있어요.

我有医保。
Wǒ yǒu yībǎo.
워 여우 이바오

💬 건강 보험 없어요.

我没有医保。
Wǒ méiyǒu yībǎo.
워 메이여우 이바오

💬 건강 보험이 있으면 얼마예요?

有医保的话多少钱?
Yǒu yībǎo dehuà duōshǎo qián?
여우 이바오 더후아 뚜어사오 치엔?

문병

💬 안 돼요, 몸조심해야죠!

不行啊, 你得小心身体啊!
Bùxíng a, nǐ děi xiǎoxīn shēntǐ a!
뿌싱 아, 니 데이 샤오신 선티 아!

💬 속히 회복되길 바랍니다!

希望你早日康复!
Xīwàng nǐ zǎorì kāngfù!
시왕 니 짜오르 캉푸!

💬 건강하세요!

祝你身体健康!
Zhù nǐ shēntǐ jiànkāng!
주 니 선티 지엔캉!

💬 병이 심각하지 않기를 바랍니다.

希望病得不重。
Xīwàng bìng de bú zhòng.
시왕 삥 더 부 중

💬 회복되셨다니, 정말 천만다행입니다!

你身体康复了，真是万幸啊!
Nǐ shēntǐ kāngfù le, zhēnshi wànxìng a!
니 선티 캉푸 러, 전스 완싱 아!

처방

💬 처방전을 드릴게요.

我给你开处方。
Wǒ gěi nǐ kāi chǔfāng.
워 게이 니 카이 추팡

💬 3일치 처방전을 드릴게요.

我给你开三天的药。
Wǒ gěi nǐ kāi sān tiān de yào.
워 게이 니 카이 싼 티엔 더 야오

💬 어떤 약에 알레르기가 있어요?

你对什么药过敏吗?
Nǐ duì shénme yào guòmǐn ma?
니 뚜이 선머 야오 꾸어민 마?

💬 이 약은 먹으면 졸릴 수 있습니다.

这个药吃了会犯困。
Zhè ge yào chī le huì fànkùn.
저 거 야오 츠 러 후이 판쿤

💬 이 약은 어떤 부작용이 있습니까?

这个药有什么副作用吗?
Zhè ge yào yǒu shénme fùzuòyòng ma?
저 거 야오 여우 선머 푸쭈어융 마?

약국 - 복용법

💬 처방전에 따라 약을 조제해 주세요.

请按这个处方给我开药。
Qǐng àn zhè ge chǔfāng gěi wǒ kāiyào.
칭 안 저 거 추팡 게이 워 카이야오

💬 이 약은 어떻게 먹죠?

这个药怎么吃？
Zhè ge yào zěnme chī?
저 거 야오 쩐머 츠?

💬 매번 몇 알씩 먹어요?

每次吃几片？
Měicì chī jǐ piàn?
메이츠 츠 지 피엔?

💬 5시간마다 한 알씩 먹어요.

每隔五个小时吃一片。
Měi gé wǔ ge xiǎoshí chī yí piàn.
메이 거 우 거 샤오스 츠 이 피엔

💬 이 약은 하루 한 번, 한 번에 한 알씩 먹어요.

这个药一天吃一次，一次吃一片。
Zhè ge yào yì tiān chī yí cì, yí cì chī yí piàn.
저 거 야오 이 티엔 츠 이 츠, 이 츠 츠 이 피엔

💬 하루에 세 번, 식사 전에 먹습니다.

一天三次，饭前服。
Yì tiān sān cì, fànqián fú.
이 티엔 싼 츠, 판치엔 푸

약국 - 약 구입

💬 수면제 좀 주세요.

请给我点安眠药。
Qǐng gěi wǒ diǎn ānmiányào.
칭 게이 워 디엔 안미엔야오

💬 진통제 있어요?

有止痛药吗?
Yǒu zhǐtòngyào ma?
여우 즈퉁야오 마?

💬 연고 주세요.

请给我膏药。
Qǐng gěi wǒ gāoyào.
칭 게이 워 까오야오

💬 생리대 있어요?

有卫生巾吗?
Yǒu wèishēngjīn ma?
여우 웨이성진 마?

💬 콘돔 주세요.

请给我避孕套。
Qǐng gěi wǒ bìyùntào.
칭 게이 워 삐윈타오

💬 처방전이 없으면 약을 살 수 없습니다.

没有处方的话不能买药。
Méiyǒu chǔfāng dehuà bùnéng mǎi yào.
메이여우 추팡 더후아 뿌넝 마이 야오

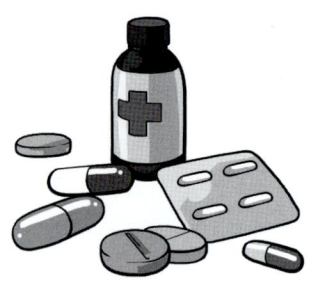

Unit 4 은행 & 우체국

은행 - 계좌

💬 저축 계좌를 개설하려고 하는데요.

我想开个存款账户。
Wǒ xiǎng kāi ge cúnkuǎn zhànghù.
워 시앙 카이 거 춘쿠안 장후

💬 어떤 종류의 예금을 하시겠습니까?

您想存哪种类型的?
Nín xiǎng cún nǎ zhǒng lèixíngde?
닌 시앙 춘 나 중 레이싱더?

💬 이율은 얼마죠?

利率是多少?
Lìlǜ shì duōshǎo?
리뤼 스 뚜어사오?

💬 신분증을 보여 주세요.

请给我看一下您的身份证。
Qǐng gěi wǒ kàn yíxià nín de shēnfènzhèng.
칭 게이 워 칸 이시아 닌 더 선펀정

💬 체크 카드도 만드실 건가요?

您还想办理借记卡吗?
Nín hái xiǎng bànlǐ jièjìkǎ ma?
닌 하이 시앙 빤리 지에지카 마?

입출금

💬 지금부터 입출금을 할 수 있습니다.

从现在开始可以存取款了。
Cóng xiànzài kāishǐ kěyǐ cúnqǔkuǎn le.
충 시엔짜이 카이스 커이 춘취쿠안 러

💬 오늘 얼마를 예금하시겠습니까?

您今天要存多少?
Nín jīntiān yào cún duōshǎo?
닌 진티엔 야오 춘 뚜어사오?

💬 500위안을 예금하려고 합니다.

我打算存500块。
Wǒ dǎsuan cún wǔbǎi kuài.
워 다쑤안 춘 우바이 콰이

💬 100위안을 인출하려고 합니다.

我打算取100块。
Wǒ dǎsuan qǔ yìbǎi kuài.
워 다쑤안 취 이바이 콰이

💬 얼마를 인출하려고 합니까?

您要取多少钱?
Nín yào qǔ duōshǎo qián?
닌 야오 취 뚜어사오 치엔?

송금

💬 이 계좌로 송금해 주세요.

请往这个账号上汇钱。
Qǐng wǎng zhè ge zhànghàoshang huìqián.
칭 왕 저 거 장하오상 후이치엔

💬 실례지만 국내 송금인가요 해외 송금인가요?

请问是国内汇款还是国际汇款?
Qǐngwèn shì guónèi huìkuǎn háishi guójì huìkuǎn?
칭원 스 구어네이 후이쿠안 하이스 구어지 후이쿠안?

💬 캐나다로 송금하려고 합니다.

我想汇款到加拿大。
Wǒ xiǎng huìkuǎn dào Jiānádà.
워 시앙 후이쿠안 따오 지아나따

💬 송금 수수료가 있습니까?

汇款有手续费吗?
Huìkuǎn yǒu shǒuxùfèi ma?
후이쿠안 여우 서우쉬페이 마?

💬 수수료는 3위안입니다.

手续费是三块。
Shǒuxùfèi shì sān kuài.
서우쉬페이 스 싼 콰이

✐ 중국 은행의 송금 수수료는 일반적으로 1~50위안으로, 송금액에 따라 정해집니다.

ATM

💬 ATM은 어디에 있어요?

哪儿有自动提款机?
Nǎr yǒu zìdòng tíkuǎnjī?
나알 여우 쯔똥 티쿠안지?

260

💬 어떻게 입금해요?

怎么存钱呢？
Zěnme cúnqián ne?
쩐머 춘치엔 너?

💬 카드를 여기에 넣으세요.

把卡插到这里。
Bǎ kǎ chādào zhèli.
바 카 차따오 저리

💬 비밀번호를 누르세요.

请输入密码。
Qǐng shūrù mìmǎ.
칭 수루 미마

💬 잔고가 부족합니다.

您的余额不足。
Nín de yú'é bùzú.
닌 더 위어 뿌쭈

신용 카드

💬 신용 카드를 신청하려고 하는데요.

我想申请一张信用卡。
Wǒ xiǎng shēnqǐng yì zhāng xìnyòngkǎ.
워 시앙 선칭 이 장 신융카

💬 언제 신용 카드가 발급되나요?

什么时候可以发放信用卡？
Shénme shíhou kěyǐ fāfàng xìnyòngkǎ?
선머 스허우 커이 파팡 신융카?

💬 유효 기간은 언제까지입니까?

有效期间是到什么时候？
Yǒuxiào qījiān shì dào shénme shíhou?
여우샤오 치지엔 스 따오 선머 스허우?

💬 최근 신용 카드 사용 명세를 확인하고 싶은데요.

我想确认一下最近信用卡的使用明细。
Wǒ xiǎng quèrèn yíxià zuìjìn xìnyòngkǎ de shǐyòng míngxì.
워 시앙 취에런 이시아 쭈이진 신융카 더 스융 밍시

💬 신용 카드를 도난당했어요. 해지해 주세요.

我的信用卡被偷了，我要销卡。
Wǒ de xìnyòngkǎ bèi tōu le, wǒ yào xiāo kǎ.
워 더 신융카 뻬이 터우 러, 워 야오 샤오 카

환전

💬 환전할 수 있어요?

这儿能换钱吗?
Zhèr néng huànqián ma?
저얼 넝 후안치엔 마?

💬 원화를 위안으로 바꾸고 싶어요.

我要用韩币换人民币。
Wǒ yào yòng Hánbì huàn Rénmínbì.
워 야오 융 한삐 후안 런민삐

💬 여행자 수표를 위안으로 바꾸고 싶어요.

我要用旅行支票换人民币。
Wǒ yào yòng lǚxíng zhīpiào huàn Rénmínbì.
워 야오 융 뤼싱 즈퍄오 후안 런민삐

💬 환전 비용의 10%를 수수료로 받습니다.

我们将收取换钱费用的10%作为手续费。
Wǒmen jiāng shōuqǔ huànqián fèiyòng de bǎifēnzhī shí zuòwéi shǒuxùfèi.
워먼 지앙 서우취 후안치엔 페이융 더 바이펀즈 스 쭈어웨이 서우쉬페이

💬 길 건너편에 환전소가 있습니다.

路对面有换钱所。
Lù duìmiàn yǒu huànqiánsuǒ.
루 뚜이미엔 여우 후안치엔쑤어

환율

💬 오늘 환율은 얼마입니까?

今天的汇率是多少?
Jīntiān de huìlǜ shì duōshǎo?
진티엔 더 후이뤼 스 뚜어사오?

💬 오늘 위안의 환율은 얼마입니까?

今天兑人民币的汇率是多少?
Jīntiān duì Rénmínbì de huìlǜ shì duōshǎo?
진티엔 뚜이 런민삐 더 후이뤼 스 뚜어사오?

💬 원화로 위안을 환전하면 환율이 얼마입니까?

用韩币换人民币的话汇率是多少?
Yòng Hánbì huàn Rénmínbì dehuà huìlǜ shì duōshǎo?
융 한삐 후안 런민삐 더후아 후이뤼 스 뚜어사오?

💬 오늘 환율은 1위안에 168원입니다.

今天的汇率是1比168。
Jīntiān de huìlǜ shì yī bǐ yìbǎi liùshíbā.
진티엔 더 후이뤼 스 이 비 이바이 리우스빠

💬 환율은 벽의 전광판에 있습니다.

汇率在墙上的电子牌上。
Huìlǜ zài qiángshang de diànzipáishang.
후이뤼 짜이 치앙상 더 띠엔쯔파이상

대출

💬 대출받고 싶은데요.

我想贷款。
Wǒ xiǎng dàikuǎn.
워 시앙 따이쿠안

💬 대출 문제로 상담하고 싶은데요.

我想咨询一下贷款问题。
Wǒ xiǎng zīxún yíxià dàikuǎn wèntí.
워 시앙 쯔쉰 이시아 따이쿠안 원티

💬 대출 관련 사항을 알고 싶은데요.

我想了解一下贷款相关事项。
Wǒ xiǎng liǎojiě yíxià dàikuǎn xiāngguān shìxiàng.
워 시앙 랴오지에 이시아 따이쿠안 시앙꾸안 스시앙

💬 제가 대출 자격을 갖췄나요?

我具备贷款资格吗?
Wǒ jùbèi dàikuǎn zīgé ma?
워 쥐뻬이 따이쿠안 쯔거 마?

💬 제 대출이 승인되었나요?

我的贷款批下来了吗?
Wǒ de dàikuǎn pīxiàlai le ma?
워 더 따이쿠안 피시아라이 러 마?

💬 학자금 대출을 신청하고 싶은데요.

我想申请助学贷款。
Wǒ xiǎng shēnqǐng zhùxué dàikuǎn.
워 시앙 선칭 주쉬에 따이쿠안

💬 집을 담보로 대출을 받았어요.

我拿到了住房抵押贷款。
Wǒ nádào le zhùfáng dǐyā dàikuǎn.
워 나따오 러 주팡 디야 따이쿠안

💬 이자는 얼마죠?

利息是多少?
Lìxī shì duōshǎo?
리시 스 뚜어사오?

💬 대출에는 15%의 이자가 포함되어 있습니다.

贷款中包括15%的利息。
Dàikuǎn zhōng bāokuò bǎifēnzhī shíwǔ de lìxī.
따이쿠안 중 빠오쿠어 바이펀즈 스우 더 리시

💬 대출 한도는 얼마입니까?

贷款的限度是多少?
Dàikuǎn de xiàndù shì duōshǎo?
따이쿠안 더 시엔뚜 스 뚜어사오?

편지 발송

💬 5마오짜리 우표 세 장 주세요.

给我三张5毛钱的邮票。
Gěi wǒ sān zhāng wǔ máoqián de yóupiào.
게이 워 싼 장 우 마오치엔 더 여우퍄오

💬 이 편지를 보내는 데, 얼마짜리 우표가 필요한가요?

寄这封信，要多少钱的邮票?
Jì zhè fēng xìn, yào duōshǎo qián de yóupiào?
지 저 펑 신, 야오 뚜어사오 치엔 더 여우퍄오?

💬 빠른 우편으로 보내나요 보통 우편으로 보내나요?

寄快件还是慢件?
Jì kuàijiàn háishi mànjiàn?
지 콰이지엔 하이스 만지엔?

💬 빠른 우편으로 보내면 얼마예요?

寄快件要多少钱？
Jì kuàijiàn yào duōshǎo qián?
지 콰이지엔 야오 뚜어사오 치엔?

💬 등기 우편으로 보내려고 합니다.

我要寄挂号信。
Wǒ yào jì guàhàoxìn.
워 야오 지 꾸아하오신

💬 우편번호가 뭐예요?

邮政编码是什么？
Yóuzhèng biānmǎ shì shénme?
여우정 삐엔마 스 선머?

💬 서울까지 도착하는 데 얼마나 걸려요?

寄到首尔需要多长时间？
Jìdào Shǒu'ěr xūyào duōcháng shíjiān?
지따오 서우얼 쉬야오 뚜어창 스지엔?

💬 발신인의 이름과 주소를 어디에 써야 해요?

寄信人的姓名和地址应该写在哪里？
Jìxìnrén de xìngmíng hé dìzhǐ yīnggāi xiě zài nǎli?
지신런 더 싱밍 허 띠즈 잉까이 시에 짜이 나리?

💬 이 편지를 우루무치로 보내고 싶은데요.

我想寄信到乌鲁木齐。
Wǒ xiǎng jìxìndào Wūlǔmùqí.
워 시앙 지신따오 우루무치

💬 이 편지는 언제 도착해요?

这封信什么时候能寄到？
Zhè fēng xìn shénme shíhou néng jìdào?
저 펑 신 선머 스허우 넝 지따오?

💬 사흘 후에 도착합니다.

三天后能寄到。
Sān tiān hòu néng jìdào.
싼 티엔 허우 넝 지따오

소포

💬 소포 무게를 달아 주세요.

请帮我称一下包裹的重量。
Qǐng bāng wǒ chēng yíxià bāoguǒ de zhòngliàng.
칭 빵 워 청 이시아 빠오구어 더 중리앙

💬 이 소포를 포장해 주세요.

这个包裹请帮我包装一下。
Zhè ge bāoguǒ qǐng bāng wǒ bāozhuāng yíxià.
저 거 빠오구어 칭 빵 워 빠오주앙 이시아

💬 소포 안에는 뭐죠?

包裹里边是什么？
Bāoguǒ lǐbian shì shénme?
빠오구어 리비엔 스 선머?

💬 조심해 주세요, 깨지기 쉬운 물건입니다.

请小心，是易碎物品。
Qǐng xiǎoxīn, shì yìsuì wùpǐn.
칭 샤오신, 스 이쑤이 우핀

💬 도착하는 데 얼마나 걸릴까요?

多长时间能寄到？
Duōcháng shíjiān néng jìdào?
뚜어창 스지엔 넝 지따오?

Unit 5 미용실

미용실

💬 새로운 헤어스타일을 하고 싶어요.

我想换个新发型。
Wǒ xiǎng huàn ge xīn fàxíng.
워 시앙 후안 거 신 파싱

💬 어떤 헤어스타일을 원하세요?

您要什么样的发型?
Nín yào shénmeyàng de fàxíng?
닌 야오 선머양 더 파싱?

💬 헤어스타일 책을 보여 드릴까요?

给你看一下发型书怎么样?
Gěi nǐ kàn yíxià fàxíng shū zěnmeyàng?
게이 니 칸 이시아 파싱 수 쩐머양?

💬 저에게 어울리는 헤어스타일을 추천해 주세요.

请推荐给我一个适合我的发型。
Qǐng tuījiàn gěi wǒ yí ge shìhé wǒ de fàxíng.
칭 투이지엔 게이 워 이 거 스허 워 더 파싱

💬 이 사진의 모델 헤어스타일을 하고 싶어요.

我想做这个照片上的模特的发型。
Wǒ xiǎng zuò zhè ge zhàopiànshang de mótè de fàxíng.
워 시앙 쭈어 저 거 자오피엔상 더 모터 더 파싱

커트

💬 커트하려고요.

我想剪头发。
Wǒ xiǎng jiǎn tóufa.
워 시앙 지엔 터우파

💬 어떻게 잘라 드릴까요?

您想怎么剪?
Nín xiǎng zěnme jiǎn?
닌 시앙 쩐머 지엔?

💬 이 정도 자르려고요.

我想剪到这个程度。
Wǒ xiǎng jiǎndào zhè ge chéngdù.
워 시앙 지엔따오 저 거 청뚜

💬 좀 짧게 자르고 싶어요.

我想剪得短一点。
Wǒ xiǎng jiǎn de duǎn yìdiǎn.
워 시앙 지엔 더 두안 이디엔

💬 머리끝을 살짝 다듬어 주세요.

发尾的部分稍微修一下。
Fàwěi de bùfen shāowēi xiū yíxià.
파웨이 더 뿌펀 사오웨이 시우 이시아

💬 이렇게 긴머리 자르는 거, 안 아까워요?

这么长的头发剪掉，不可惜吗?
Zhème cháng de tóufa jiǎndiào, bù kěxī ma?
저머 창 더 터우파 지엔땨오, 뿌 커시 마?

💬 스포츠형으로 잘라 주세요.

请给我剪个运动型的发型。
Qǐng gěi wǒ jiǎn ge yùndòngxíng de fàxíng.
칭 게이 워 지엔 거 윈똥싱 더 파싱

💬 앞머리도 잘라 주세요.

刘海也要剪一点。
Liúhǎi yě yào jiǎn yìdiǎn.
리우하이 이에 야오 지엔 이디엔

💬 앞머리는 자르지 마세요.

不要剪刘海。
Búyào jiǎn liúhǎi.
부야오 지엔 리우하이

💬 커트만 할 건데, 얼마예요?

只剪头发，多少钱？
Zhǐ jiǎn tóufa, duōshǎo qián?
즈 지엔 터우파, 뚜어사오 치엔?

💬 머리 감고 커트하고 드라이하려고요.

我要洗剪吹。
Wǒ yào xǐjiǎnchuī.
워 야오 시지엔추이

파마

💬 파마하려고요.

我要烫发。
Wǒ yào tàngfà.
워 야오 탕파

💬 어떤 헤어스타일로 파마하시겠어요?

您想烫什么发型?
Nín xiǎng tàng shénme fàxíng?
닌 시앙 탕 선머 파싱?

💬 웨이브 파마로 해 주세요.

我想烫大卷。
Wǒ xiǎng tàng dàjuàn.
워 시앙 탕 따쥐엔

💬 너무 곱슬거리지 않게 해 주세요.

别给我烫得太卷。
Bié gěi wǒ tàng de tài juàn.
비에 게이 워 탕 더 타이 쥐엔

💬 파마가 잘 나왔네요!

烫得不错啊!
Tàng de búcuò a!
탕 더 부추어 아!

💬 요즘 스트레이트 머리가 유행인가요?

最近流行直发吗?
Zuìjìn liúxíng zhífà ma?
쭈이진 리우싱 즈파 마?

염색

💬 염색해 주세요.

请给我染发。
Qǐng gěi wǒ rǎnfà.
칭 게이 워 란파

💬 어떤 색으로 염색하고 싶으세요?

您想染什么颜色?
Nín xiǎng rǎn shénme yánsè?
닌 시앙 란 선머 이엔써?

💬 갈색으로 염색해 주세요.

请给我染栗子色。
Qǐng gěi wǒ rǎn lìzisè.
칭 게이 워 란 리쯔써

请给我染棕色。
Qǐng gěi wǒ rǎn zōngsè.
칭 게이 워 란 쭝써

💬 좀 밝은색으로 염색하면 젊어 보여요.

染亮一点的颜色看上去会很年轻。
Rǎnliàng yìdiǎn de yánsè kànshàngqu huì hěn niánqīng.
란리앙 이디엔 더 이엔써 칸상취 후이 헌 니엔칭

💬 우리 엄마 머리는 전부 하얘요.

我妈妈的头发全白了。
Wǒ māma de tóufa quán bái le.
워 마마 더 터우파 취엔 바이 러

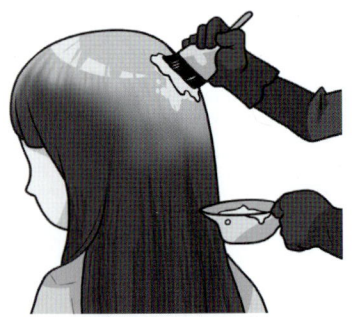

Unit 6 세탁소

세탁물 맡기기

💬 이 옷은 내가 세탁소에 세탁하러 가져 갈게요.

这件衣服我要拿到洗衣店去洗。
Zhè jiàn yīfu wǒ yào nádào xǐyīdiàn qù xǐ.
저 지엔 이푸 워 야오 나따오 시이띠엔 취 시

💬 이 양복을 세탁소에 맡겨 주세요.

请帮我把西服送到洗衣店去。
Qǐng bāng wǒ bǎ xīfú sòngdào xǐyīdiàn qù.
칭 빵 워 바 시푸 쑹따오 시이띠엔 취

💬 이 양복을 세탁해 주세요.

请帮我洗一下这件西服。
Qǐng bāng wǒ xǐ yíxià zhè jiàn xīfú.
칭 빵 워 시 이시아 저 지엔 시푸

💬 이 바지를 다려 주세요.

请帮我烫一下这条裤子。
Qǐng bāng wǒ tàng yíxià zhè tiáo kùzi.
칭 빵 워 탕 이시아 저 탸오 쿠쯔

💬 이 코트를 드라이클리닝해 주세요.

这件大衣请帮我干洗。
Zhè jiàn dàyī qǐng bāng wǒ gānxǐ.
저 지엔 따이 칭 빵 워 깐시

세탁물 찾기

💬 언제 찾을 수 있어요?

什么时候能取?
Shénme shíhou néng qǔ?
선머 스허우 넝 취?

💬 옷 찾으러 왔어요.

我来拿衣服。
Wǒ lái ná yīfu.
워 라이 나 이푸

💬 제 옷은 세탁이 다 됐나요?

我的衣服都洗好了吗?
Wǒ de yīfu dōu xǐhǎo le ma?
워 더 이푸 떠우 시하오 러 마?

💬 세탁비는 얼마예요?

洗衣费是多少?
Xǐyīfèi shì duōshǎo?
시이페이 스 뚜어사오?

💬 이 외투의 드라이클리닝 비용은 얼마예요?

这件外套的干洗费用是多少?
Zhè jiàn wàitào de gānxǐ fèiyòng shì duōshǎo?
저 지엔 와이타오 더 깐시 페이융 스 뚜어사오?

얼룩 제거

💬 얼룩을 제거해 주세요.

请帮我把污渍去掉。
Qǐng bāng wǒ bǎ wūzì qùdiào.
칭 빵 워 바 우쯔 취땨오

💬 이 바지의 얼룩을 제거해 주실래요?

请帮我把这条裤子上的污渍去掉好吗?
Qǐng bāng wǒ bǎ zhè tiáo kùzishang de wūzì qùdiàohǎo ma?
칭 빵 워 바 저 탸오 쿠쯔상 더 우쯔 취땨오하오 마?

💬 커피를 치마에 쏟았어요.

咖啡洒到裙子上了。
Kāfēi sǎdào qúnzishang le.
카페이 싸따오 췬쯔상 러

💬 이 얼룩은 빨아도 안 지워져요.

这个污渍洗也洗不掉。
Zhè ge wūzi xǐ yě xǐbudiào.
저 거 우쯔 시 이에 시부땨오

💬 이 얼룩은 완전히 제거되지 않아요.

这个污渍不能完全去掉。
Zhè ge wūzì bùnéng wánquán qùdiào.
저 거 우쯔 뿌넝 완취엔 취땨오

수선

💬 옷을 수선할 수 있나요?

你会修补衣服吗?
Nǐ huì xiūbǔ yīfu ma?
니 후이 시우부 이푸 마?

💬 이 외투를 좀 수선해 주세요.

请帮我修补一下这件外套。
Qǐng bāng wǒ xiūbǔ yíxià zhè jiàn wàitào.
칭 빵 워 시우부 이시아 저 지엔 와이타오

💬 이 바지를 좀 줄여 주세요.

这条裤子请帮我改短一点儿。
Zhè tiáo kùzi qǐng bāng wǒ gǎiduǎn yìdiǎnr.
저 탸오 쿠쯔 칭 빵 워 가이두안 이디알

💬 이 바지를 좀 늘려 주세요.

这条裤子请帮我加长一点。
Zhè tiáo kùzi qǐng bāng wǒ jiācháng yìdiǎn.
저 탸오 쿠쯔 칭 빵 워 지아창 이디엔

💬 죄송하지만, 수선할 수 없어요.

对不起，这个不能修补。
Duìbuqǐ, zhè ge bùnéng xiūbǔ.
뚜이부치, 저 거 뿌넝 시우부

💬 단추를 달아 주시겠어요?

请帮我缝个扣子好吗？
Qǐng bāng wǒ féng ge kòuzi hǎo ma?
칭 빵 워 펑 거 커우쯔 하오 마?

Unit 7 영화관 & 기타 공연장　　　MP3. C4_U7

영화관

💬 기분 전환하러, 극장에 가자!

想换换心情，去看个电影吧!
Xiǎng huànhuan xīnqíng, qù kàn ge diànyǐng ba!
시양 후안후안 신칭, 취 칸 거 띠엔잉 바!

💬 요즘 인터넷에서 영화표를 예매할 수 있고, 심지어 자리도 고를 수 있어.

最近在网上可以预订电影票，甚至可以选座。
Zuìjìn zài wǎngshang kěyǐ yùdìng diànyǐngpiào, shènzhì kěyǐ xuǎnzuò.
쭈이진 짜이 왕상 커이 위띵 띠엔잉퍄오, 선즈 커이 쉬엔쭈어

💬 6시 반에 극장 입구에서 만나!

六点半在电影院门口见!
Liù diǎn bàn zài diànyǐngyuàn ménkǒu jiàn!
리우 디엔 빤 짜이 띠엔잉위엔 먼커우 지엔!

💬 우리는 순서대로 입장합니다.

我们按先后顺序入场。
Wǒmen àn xiānhòu shùnxù rùchǎng.
워먼 안 시엔허우 순쉬 루창

💬 극장에 늦게 가면, 영화를 처음부터 볼 수 없어.

电影院去晚了的话，电影不能从头看。
Diànyǐngyuàn qùwǎn le dehuà, diànyǐng bùnéng cóng tóu kàn.
띠엔잉위엔 취완 러 더후아, 띠엔잉 뿌넝 충 터우 칸

💬 여기에서 가장 가까운 극장은 어디예요?

离这里最近的电影院在哪儿？
Lí zhèlǐ zuì jìn de diànyǐngyuàn zài nǎr?
리 저리 쭈이 진 더 띠엔잉위엔 짜이 나알?

💬 어느 극장으로 갈 거예요?

去哪个电影院？
Qù nǎ ge diànyǐngyuàn?
취 나 거 띠엔잉위엔?

💬 저 영화는 메이메이극장에서 상영해요.

那个电影在美美电影院上映。
Nà ge diànyǐng zài Měiměi diànyǐngyuàn shàngyìng.
나 거 띠엔잉위엔 짜이 메이메이 띠엔잉위엔 상잉

💬 실례지만 여기 사람 있나요?

请问这里有人吗?
Qǐngwèn zhèli yǒu rén ma?
칭원 저리 여우 런 마?

> 자리를 가리키며 하는 표현입니다.

💬 자리 있어요.

没人坐。
Méi rén zuò.
메이 런 쭈어

영화표

💬 지금 아직 영화표를 살 수 있나요?

现在还能买到电影票吗?
Xiànzài hái néng mǎidào diànyǐngpiào ma?
시엔짜이 하이 넝 마이따오 띠엔잉퍄오 마?

💬 지금 표를 사려고 줄 서 있어요.

现在正在排队买票。
Xiànzài zhèngzài páiduì mǎi piào.
시엔짜이 정짜이 파이뚜이 마이 퍄오

💬 예약한 7시 표 두 장 주세요.

请给我两张七点的票。
Qǐng gěi wǒ liǎng zhāng qī diǎn de piào.
칭 게이 워 리앙 장 치 디엔 더 퍄오

💬 7시 표 더 있어요?

还有七点的票吗?
Háiyǒu qī diǎn de piào ma?
하이여우 치 디엔 더 퍄오 마?

💬 영화표 샀어요?

买电影票了吗?
Mǎi diànyǐngpiào le ma?
마이 띠엔잉퍄오 러 마?

영화관 에티켓

💬 영화관에서 음식을 먹을 수 없습니다.

在电影院里不可以吃东西。
Zài diànyǐngyuànli bùkěyǐ chī dōngxi.
짜이 띠엔잉위엔리 뿌커이 츠 뚱시

💬 영화 시작 전에 휴대 전화를 꺼 두세요.

在电影开始前，请关掉手机。
Zài diànyǐng kāishǐ qián, qǐng guāndiào shǒujī.
짜이 띠엔잉 카이스 치엔, 칭 꾸안땨오 서우지

💬 앞좌석을 발로 차지 마세요.

请别蹬踹前座。
Qǐng bié dēngchuài qiánzuò.
칭 비에 떵촤이 치엔쭈어

💬 상영 중 촬영 금지.

放映中禁止摄影。
Fàngyìng zhōng jìnzhǐ shèyǐng.
팡잉 중 진즈 서잉

💬 조용히 해 주세요.

请保持安静。
Qǐng bǎochí ānjìng.
칭 바오츠 안징

기타 공연

💬 이 연극은 지금 국립극장에서 공연 중이에요.

这个戏剧现在在国立剧场上演。
Zhè ge xìjù xiànzài zài guólì jùchǎng shàngyǎn.
저 거 시쥐 시엔짜이 짜이 구어리 쥐창 상이엔

💬 이 극장에서 자선 공연이 열릴 거예요.

这个剧场要义演。
Zhè ge jùchǎng yào yìyǎn.
저 거 쥐창 야오 이이엔

💬 저녁 식사하고 경극 보러 가자.

吃晚饭后去看京剧吧。
Chī wǎnfàn hòu qù kàn jīngjù ba.
츠 완판 허우 취 칸 징쥐 바

💬 뮤지컬은 20분 후에 시작합니다.

歌剧在二十分钟后开演。
Gējù zài èrshí fēnzhōng hòu kāiyǎn.
꺼쥐 짜이 얼스 펀중 허우 카이이엔

💬 시민회관에서 정기 공연이 있어.

在居民会馆里有定期表演。
Zài jūmín huìguǎnli yǒu dìngqī biǎoyǎn.
짜이 쥐민 후이구안리 여우 띵치 뱌오이엔

Chapter 5
여행 가서도 척척!

Unit 1 **출발 전**
Unit 2 **공항**
Unit 3 **기내**
Unit 4 **숙박**
Unit 5 **관광**
Unit 6 **교통**

Unit 1 출발 전

MP3. C5_U1

항공권 예약

💬 어떤 종류의 여행 방식을 선택할 거예요? 비행기 타고 갈 거예요?

你想选择哪种旅行方式？坐飞机去吗？

Nǐ xiǎng xuǎnzé nǎ zhǒng lǚxíng fāngshì? Zuò fēijī qù ma?

니 시앙 쉬엔쩌 나 중 뤼싱 팡스? 쭈오 페이지 취 마?

💬 목적지가 어디죠?

目的地是哪里呢？

Mùdìdì shì nǎli ne?

무띠띠 스 나리 너?

💬 편도표로 하실 거예요 아니면 왕복표로 하실 거예요?

您要单程票还是往返票？

Nín yào dānchéngpiào háishi wǎngfǎnpiào?

닌 야오 딴청퍄오 하이스 왕판퍄오?

💬 편도표는 500위안, 왕복표는 700위안입니다.

单程票是500元，往返票是700元。
Dānchéngpiào shì wǔbǎi yuán, wǎngfǎnpiào shì qībǎi yuán.
딴청퍄오 스 우바이 위엔, 왕판퍄오 스 치바이 위엔

💬 그럼 왕복표를 주세요!

那给我往返票吧!
Nà gěi wǒ wǎngfǎnpiào ba!
나 게이 워 왕판퍄오 바!

💬 베이징으로 가는 항공권을 예약하려고 하는데요.

我想预定去北京的机票。
Wǒ xiǎng yùdìng qù Běijīng de jīpiào.
워 시앙 위띵 취 베이징 더 지퍄오

💬 베이징에서 서울로 가는 항공권을 예약하려고 하는데요.

我想预定北京飞首尔的机票。
Wǒ xiǎng yùdìng Běijīng fēi Shǒu'ěr de jīpiào.
워 시앙 위띵 베이징 페이 서우얼 더 지퍄오

💬 대한항공 201편으로 예약하려고 하는데요.

我想预定大韩航空的201次航班。
Wǒ xiǎng yùdìng Dàhán hángkōng de èr líng yāo cì hángbān.
워 시앙 위띵 따한 항쿵 더 얼 링 야오 츠 항빤

💬 베이징으로 가는 편도표 한 장 주세요.

请给我一张去北京的单程票。
Qǐng gěi wǒ yì zhāng qù Běijīng de dānchéngpiào.
칭 게이 워 이 장 취 베이징 더 딴청퍄오

💬 가장 싼 편도표는 얼마입니까?

最便宜的单程票是多少钱?
Zuì piányi de dānchéngpiào shì duōshǎo qián?
쭈이 피엔이 더 딴청퍄오 스 뚜어사오 치엔?

예약 확인 및 변경

💬 예약한 항공권을 확인하려고 합니다.

我想确认一下预定的机票。
Wǒ xiǎng quèrèn yíxià yùdìng de jīpiào.
워 시앙 취에런 이시아 위띵 더 지퍄오

💬 성함과 항공편 번호를 말씀해 주세요.

请说一下您的姓名和航班号。
Qǐng shuō yíxià nín de xìngmíng hé hángbānhào.
칭 수어 이시아 닌 더 싱밍 허 항빤하오

💬 항공권 예약 번호를 말씀해 주세요.

请说一下您的机票订单号码。
Qǐng shuō yíxià nín de jīpiào dìngdān hàomǎ.
칭 수어 이시아 닌 더 지퍄오 띵딴 하오마

💬 12월 1일 서울로 가는 704편이고, 예약 번호는 123456입니다.

十二月一号飞首尔的704次航班, 订单号是123456。
Shì'èr yuè yī hào fēi Shǒu'ěr de qī líng sì cì hángbān, dìngdānhào shì yī èr sān sì wǔ liù.
스얼 위에 이 하오 페이 서우얼 더 치 링 쓰 츠 항빤, 띵딴하오 스 이 얼 싼 쓰 우 리우

297

💬 4월 1일 표를 취소하고, 4월 10일 출발로 바꿔 주세요.

请帮我取消四月一号的票，改为四月十号出发。
Qǐng bāng wǒ qǔxiāo sì yuè yī hào de piào, gǎiwéi sì yuè shí hào chūfā.
칭 빵 워 취샤오 쓰 위에 이 하오 더 퍄오, 가이웨이 쓰 위에 스 하오 추파

여권

💬 나는 여권을 만들려고 하는데요.

我想办护照。
Wǒ xiǎng bàn hùzhào.
워 시앙 빤 후자오

💬 여권을 발급하려면 어디로 가서 처리해야 하나요?

办护照的话应该去哪儿办？
Bàn hùzhào dehuà yīnggāi qù nǎr bàn?
빤 후자오 더후아 잉까이 취 나알 빤?

💬 여권을 만드는 데 얼마나 걸려요?

办护照的话需要多长时间？
Bàn hùzhào dehuà xūyào duōcháng shíjiān?
빤 후자오 더후아 쉬야오 뚜어창 스지엔?

💬 여권을 발급하려면 어떤 서류를 준비해야 하나요?

办护照的话需要准备哪些材料？
Bàn hùzhào dehuà xūyào zhǔnbèi nǎxiē cáiliào?
빤 후자오 더후아 쉬야오 준뻬이 나시에 차이랴오?

💬 제 여권은 올해 말로 만기가 됩니다.

我的护照今年到期。
Wǒ de hùzhào jīnnián dàoqī.
워 더 후자오 진니엔 따오치

비자

💬 중국 비자를 발급하려고 하는데요.

我想办中国签证。
Wǒ xiǎng bàn Zhōngguó qiānzhèng.
워 시앙 빤 중구어 치엔정

299

💬 이번에 제가 두 번째 비자 신청입니다.

这是我第二次申请签证。
Zhè shì wǒ dì èr cì shēnqǐng qiānzhèng.
저 스 워 띠 얼 츠 선칭 치엔정

💬 비자를 신청하는 데 얼마나 걸립니까?

申请签证需要多长时间?
Shēnqǐng qiānzhèng xūyào duōcháng shíjiān?
선칭 치엔정 쉬야오 뚜어창 스지엔?

💬 이 비자의 유효 기간은 한 달입니다.

这个签证的有效期是一个月。
Zhè ge qiānzhèng de yǒuxiàoqī shì yí ge yuè.
저 거 치엔정 더 여우샤오치 스 이 거 위에

💬 비자가 발급되었는지 물어보려고요.

我想问一下签证签下来了没有。
Wǒ xiǎng wèn yíxià qiānzhèng qiānxiàlai le méiyǒu.
워 시앙 원 이시아 치엔정 치엔시아라이 러 메이여우

💬 호주로 여행 가려는 데, 비자가 필요한가요?

我要去澳大利亚旅游，需要签证吗?

Wǒ yào qù Àodàlìyà lǚyóu, xūyào qiānzhèng ma?

워 야오 취 아오따리야 뤼여우, 쉬야오 치엔정 마?

💬 호주는 3개월 간 비자 면제입니다.

澳大利亚可以三个月免签。

Àodàlìyà kěyǐ sān ge yuè miǎnqiān.

아오따리야 커이 싼 거 위에 미엔치엔

💬 비자가 어떤 종류입니까?

您的签证种类是什么?

Nín de qiānzhèng zhǒnglèi shì shénme?

닌 더 치엔정 중레이 스 선머?

💬 알고 보니 학생 비자였군요!

原来你用的是学生签证啊!

Yuánlái nǐ yòngde shì xuésheng qiānzhèng a!

위엔라이 니 융더 스 쉬에성 치엔정 아!

Unit 2 공항

MP3. C5_U2

공항 이용

💬 늦어도 이륙하기 한 시간 전에 탑승 수속을 해야 합니다.

最晚也要在起飞前一个小时去办票。
Zuì wǎn yě yào zài qǐfēi qián yí ge xiǎoshí qù bànpiào.
쭈이 완 이에 야오 짜이 치페이 치엔 이 거 샤오스 취 반퍄오

💬 탑승 수속을 위해 적어도 두 시간 전에 공항에 도착해야 합니다.

为了办票，起码要提前两个小时到达机场。
Wèile bànpiào, qǐmǎ yào tíqián liǎng ge xiǎoshí dàodá jīchǎng.
웨이러 빤퍄오, 치마 야오 티치엔 리앙 거 샤오스 따오다 지창

💬 위탁 수화물이 있습니까?

您有要托运的行李吗?
Nín yǒu yào tuōyùn de xíngli ma?
닌 여우 야오 투어윈 더 싱리 마?

- 국제선 터미널은 어디입니까?

    国际出发的航站楼在哪里？
    Guójì chūfā de hángzhànlóu zài nǎli?
    구어지 추파 더 항잔러우 짜이 나리?

- 비행기가 연착되어, 연결편을 놓쳤어요.

    飞机晚点，所以误了转机的时间。
    Fēijī wǎn diǎn, suǒyǐ wù le zhuǎnjī de shíjiān.
    페이지 완 디엔, 쑤어이 우 러 주안지 더 스지엔

티켓팅

- 아시아나항공은 어느 카운터에서 탑승 수속합니까?

    韩亚航空在哪个柜台办票？
    Hányà hángkōng zài nǎ ge guìtái bànpiào?
    한야 항쿵 짜이 나 거 꾸이타이 빤퍄오?

- 다음 창구로 가세요.

    请去下一个窗口。
    Qǐng qù xià yí ge chuāngkǒu.
    칭 취 시아 이 거 추앙커우

💬 인터넷에서 항공권을 예약했습니다.

我在网上订了机票。
Wǒ zài wǎngshàng dìng le jīpiào.
워 짜이 왕상 띵 러 지퍄오

💬 금연석으로 주세요.

请给我禁烟席。
Qǐng gěi wǒ jìnyānxí.
칭 게이 워 진이엔시

💬 창가 쪽 자리로 주세요.

请给我靠窗的座位。
Qǐng gěi wǒ kào chuāng de zuòwèi.
칭 게이 워 카오 추앙 더 쭈어웨이

💬 비행기에서 좋은 자리에 앉으려면, 미리 공항에 가서 탑승 수속을 해야 한다.

坐飞机要坐好座位，应该提前去机场办票。
Zuò fēijī yào zuò hǎo zuòwèi, yīnggāi tíqián qù jīchǎng bànpiào.
쭈어 페이지 야오 쭈어 하오 쭈어웨이, 잉까이 티치엔 취 지창 빤퍄오

보딩

💬 언제 탑승합니까?

什么时候登机?
Shénme shíhou dēngjī?
선머 스허우 떵지?

💬 어느 탑승구로 가야 합니까?

应该去哪个登机口?
Yīnggāi qù nǎ ge dēngjīkǒu?
잉까이 취 나 거 떵지커우?

💬 곧 탑승합니다.

很快就可以登机了。
Hěn kuài jiù kěyǐ dēngjī le.
헌 콰이 지우 커이 떵지 러

💬 탑승권을 보여 주세요.

请出示一下您的登机牌。
Qǐng chūshì yíxià nín de dēngjīpái.
칭 추스 이시아 닌 더 떵지파이

💬 오전 10시에 출발하는 605편의 탑승구가 B29로 변경되었습니다.

上午十点出发的605次航班登机口变更为B29。

Shàngwǔ shí diǎn chūfā de liù líng wǔ cì hángbān dēngjīkǒu biàngèngwéi B èrshíjiǔ.

상우 스 디엔 추파 더 리우 링 우 츠 항빤 떵지커우 삐엔껑웨이 비 얼스지우

세관

💬 세관 신고서를 기입해 주세요.

请填写一下海关申报单。

Qǐng tiánxiě yíxià hǎiguān shēnbàodān.

칭 티엔시에 이시아 하이꾸안 선빠오딴

💬 세관 신고서를 보여 주세요.

请出示一下海关申报单。

Qǐng chūshì yíxià hǎiguān shēnbàodān.

칭 추스 이시아 하이꾸안 선빠오딴

💬 신고할 물품이 있습니까?

您有要申报的物品吗?
Nín yǒu yào shēnbào de wùpǐn ma?
닌 여우 야오 선빠오 더 우핀 마?

💬 신고할 것이 없습니다.

我没有要申报的东西。
Wǒ méiyǒu yào shēnbào de dōngxi.
워 메이여우 야오 선빠오 더 뚱시

💬 이것은 제가 쓰는 것입니다.

这是我自用的。
Zhè shì wǒ zìyòngde.
저 스 워 쯔융더

면세점

💬 면세점이 어디 있습니까?

免税店在哪儿?
Miǎnshuìdiàn zài nǎr?
미엔수이띠엔 짜이 나알?

💬 면세점에서 쇼핑할 시간 있어요?

在免税店有时间购物吗?
Zài miǎnshuìdiàn yǒu shíjiān gòuwù ma?
짜이 미엔수이띠엔 여우 스지엔 꺼우우 마?

💬 이것은 면세점에서 사면 훨씬 싸게 살 수 있다.

这个在免税店买，能便宜很多。
Zhège zài miǎnshuìdiàn mǎi, néng piányi hěn duō.
저거 짜이 미엔수이띠엔 마이, 넝 피엔이 헌 뚜어

💬 여기 여행자 수표 받나요?

这里收旅行支票吗?
Zhèli shōu lǚxíng zhīpiào ma?
저리 서우 뤼싱 즈퍄오 마?

💬 네, 저희는 받습니다. 신분증을 가지고 있으세요?

是的，我们这里收，您带身份证了吗?
Shìde, wǒmen zhèli shōu, nín dài shēnfènzhèng le ma?
스더, 워먼 저리 서우, 닌 따이 선펀정 러 마?

출국 심사

💬 여권을 보여 주세요.

请出示一下您的护照。
Qǐng chūshì yíxià nín de hùzhào.
칭 추스 이시아 닌 더 후자오

💬 어디에 가십니까?

您要去哪儿?
Nín yào qù nǎr?
닌 야오 취 나알?

💬 우루무치에 갑니다.

我要去乌鲁木齐。
Wǒ yào qù Wūlǔmùqí.
워 야오 취 우루무치

💬 언제 귀국합니까?

什么时候回国?
Shénme shíhou huíguó?
선머 스허우 후이구어

💬 일행이 있습니까?

有同行的人吗?
Yǒu tóngxíng de rén ma?
여우 퉁싱 더 런 마?

💬 상사와 함께 갑니다.

和我的上司一起去。
Hé wǒ de shàngsī yìqǐ qù.
허 워 더 샹쓰 이치 취

입국 심사

💬 여권과 입국 신고서를 보여 주세요.

请出示一下护照和入境申请单。
Qǐng chūshì yíxià hùzhào hé rùjìng shēnqǐngdān.
칭 추스 이시아 후자오 허 루징 선칭딴

💬 중국의 목적지가 어디입니까?

去中国的目的地是哪里?
Qù Zhōngguó de mùdìdì shì nǎli?
취 중구어 더 무띠띠 스 나리?

💬 방문 목적이 무엇입니까?

访问目的是什么?
Fǎngwèn mùdì shì shénme?
팡원 무띠 스 선머?

💬 관광차 왔습니다.

我是来旅行的。
Wǒ shì lái lǚxíng de.
워 스 라이 뤼싱 더

💬 출장차 왔습니다.

我是来出差的。
Wǒ shì lái chūchāi de.
워 스 라이 추차이 더

💬 돌아가는 표가 있습니까?

您有回去的机票吗?
Nín yǒu huíqu de jīpiào ma?
닌 여우 후이취 더 지퍄오 마?

짐 찾을 때

💬 어디에서 짐을 찾습니까?

在哪儿提取行李呢?
Zài nǎr tíqǔ xíngli ne?
짜이 나알 티취 싱리 너?

💬 수화물계로 가세요.

请去行李提取处。
Qǐng qù xíngli tíqǔchù.
칭 취 싱리 티취추

💬 제 짐을 못 찾겠어요.

我找不到我的行李。
Wǒ zhǎobudào wǒ de xíngli.
워 자오부따오 워 더 싱리

💬 제 짐이 어디에 있는지 확인해 주세요.

请帮我确认一下我的行李在哪里。
Qǐng bāng wǒ quèrèn yíxià wǒ de xíngli zài nǎli.
칭 빵 워 취에런 이시아 워 더 싱리 짜이 나리

💬 제 짐이 아직 나오지 않았어요.

我的行李还没出来。
Wǒ de xíngli hái méi chūlai.
워 더 싱리 하이 메이 추라이

마중

💬 누가 공항에 마중 나오니?

谁到机场去接你？
Shéi dào jīchǎng qù jiē nǐ?
세이 따오 지창 취 지에 니?

💬 공항에 나를 마중 나올 수 있어요?

能到机场接我吗？
Néng dào jīchǎng jiē wǒ ma?
넝 따오 지창 지에 워 마?

💬 당신을 마중하려고 차를 예약했어요.

我订了车去机场接你。
Wǒ dìng le chē qù jīchǎng jiē nǐ.
워 띵 러 처 취 지창 지에 니

💬 공항에 우리를 마중 나와 주어 고마워요.

谢谢你到机场来接我们。
Xièxie nǐ dào jīchǎng lái jiē wǒmen.
시에시에 니 따오 지창 라이 지에 워먼

💬 내가 공항에 널 마중 갈게.

我去机场接你。
Wǒ qù jīchǎng jiē nǐ.
워 취 지창 지에 니

💬 공항에 마중 나올 필요 없어요.

不用来机场接我。
Búyòng lái jīchǎng jiē wǒ.
부융 라이 지창 지에 워

Unit 3 기내

MP3. C5_U3

기내

💬 탑승권을 보여 주세요.

请出示一下登机牌。
Qǐng chūshì yíxià dēngjīpái.
칭 추스 이시아 떵지파이

💬 좌석 찾는 것을 도와드릴까요?

我来帮您找座位好吗?
Wǒ lái bāng nín zhǎo zuòwèi hǎo ma?
워 라이 빵 닌 자오 쭈어웨이 하오 마?

💬 이쪽으로 오세요, 손님 자리는 저기입니다.

请走这边，您的座位在那儿。
Qǐng zǒu zhèbiān, nín de zuòwèi zài nàr.
칭 쩌우 저삐엔, 닌 더 쭈어웨이 짜이 나알

💬 이 가방 올리는 걸 도와주실래요?

能帮我把这个包放上去吗?
Néng bāng wǒ bǎ zhè ge bāo fàngshàngqu ma?
넝 빵 워 바 저 거 빠오 팡샹취 마?

💬 본 비행기는 곧 이륙합니다.

本机即将起飞。
Běnjī jíjiāng qǐfēi.
번지 지지앙 치페이

💬 본 비행기는 곧 착륙합니다.

本机即将着陆。
Běnjī jíjiāng zhuólù.
번지 지지앙 주어루

💬 안전벨트를 매 주십시오!

请系好安全带!
Qǐng jìhǎo ānquándài!
칭 지하오 안취엔따이!

💬 실례지만, 좀 지나가겠습니다.

不好意思，请借过一下。
Bùhǎoyìsi, qǐng jièguò yíxià.
뿌하오이쓰, 칭 지에꾸어 이시아

💬 신문과 잡지를 좀 주세요.

能给我一些报刊杂志吗?
Néng gěi wǒ yìxiē bàokān zázhì ma?
넝 게이 워 이시에 빠오칸 짜즈 마?

- 베개와 담요를 주세요.

 请给我枕头和毯子。
 Qǐng gěi wǒ zhěntou hé tǎnzi.
 칭 게이 워 전터우 허 탄쯔

- 비행시간은 얼마입니까?

 飞行时间是多少?
 Fēixíng shíjiān shì duōshǎo?
 페이싱 스지엔 뚜어사오?

- 죄송하지만, 저와 자리를 바꿔 주실 수 있어요?

 对不起，你能和我换一下位子吗?
 Duìbuqǐ, nǐ néng hé wǒ huàn yíxià wèizi ma?
 뚜이부치, 니 넝 허 워 후안 이시아 웨이쯔 마?

기내식

- 음료를 좀 주세요.

 请给我一点饮料。
 Qǐng gěi wǒ yìdiǎn yǐnliào.
 칭 게이 워 이디엔 인랴오

💬 실례지만 어떤 음료로 하시겠습니까?

请问您要什么饮料?
Qǐngwèn nín yào shénme yǐnliào?
칭원 닌 야오 선머 인랴오?

💬 소고기 식사와 해물 식사 중, 어떤 것으로 하시겠습니까?

牛肉餐和海鲜餐，请问您要哪种?
Niúròucān hé hǎixiāncān, qǐngwèn nín yào nǎ zhǒng?
니우러우찬 허 하이시엔찬, 칭원 닌 야오 나 중?

💬 소고기로 할게요.

我要牛肉餐。
Wǒ yào niúròucān.
워 야오 니우러우찬

💬 어린이 메뉴 있어요?

有没有儿童餐?
Yǒuméiyǒu értóngcān?
여우메이여우 얼퉁찬?

💬 사전에 칭전식(이슬람식) 메뉴로 달라고 했어요.

我事先要求清真餐了。
Wǒ shìxiān yāoqiú qīngzhēn cān le.
워 스시엔 야오치우 칭전 찬 러

> 清真은 이슬람식 음식으로 중국 국적의 항공사 기내식으로 많이 나오는 메뉴입니다.

Unit 4 숙박

숙박 예약

💬 방을 예약하려고 하는데요.

我想订房间。
Wǒ xiǎng dìng fángjiān.
워 시앙 띵 팡지엔

💬 죄송합니다만, 방이 만실입니다.

对不起，房间都满了。
Duìbuqǐ, fángjiān dōu mǎn le.
뚜이부치, 팡지엔 떠우 만 러

💬 어떤 방을 예약하시겠습니까?

您想订什么样的房间？
Nín xiǎng dìng shénmeyàng de fángjiān?
닌 시앙 띵 선머양 더 팡지엔?

💬 싱글룸 있어요?

有单人间吗？
Yǒu dānrénjiān ma?
여우 딴런지엔 마?

💬 욕실이 딸린 싱글룸으로 하려고요.

我想要一间带浴室的单人间。
Wǒ xiǎngyào yì jiān dài yùshì de dānrénjiān.
워 시앙야오 이 지엔 따이 위스 더 딴런지엔

💬 방을 바꾸고 싶어요.

我想换个房间。
Wǒ xiǎng huàn ge fángjiān.
워 시앙 후안 거 팡지엔

💬 실례지만 며칠 묵으시겠습니까?

请问您要住几天?
Qǐngwèn nín yào zhù jǐ tiān?
칭원 닌 야오 주 지 티엔?

💬 사흘이요. 일요일 오전에 체크아웃합니다.

三天，周日上午退房。
Sān tiān, zhōurì shàngwǔ tuìfáng.
싼 티엔, 저우르 상우 투이팡

💬 숙박비가 얼마예요?

住宿费是多少?
Zhùsùfèi shì duōshǎo?
주쑤페이 스 뚜어사오?

💬 이 가격에 조식이 포함되었습니까?

这个价格包括早餐吗?
Zhè ge jiàgé bāokuò zǎocān ma?
저 거 지아거 빠오쿠어 짜오찬 마?

💬 좀 더 싼 방 있어요?

有便宜点的房间吗?
Yǒu piányí diǎn de fángjiān ma?
여우 피엔이 디엔 더 팡지엔 마?

💬 바다가 보이는 방은 숙박비가 더 비싸요?

海景房房费更贵吗?
Hǎijǐngfáng fángfèi gèng guì ma?
하이징팡 팡페이 껑 꾸이 마?

체크인

💬 체크인하려고요.

我要办入住。
Wǒ yào bàn rùzhù.
워 야오 빤 루주

💬 지금 체크인 수속할 수 있습니까?

现在可以办入住手续吗?
Xiànzài kěyǐ bàn rùzhù shǒuxù ma?
시엔짜이 커이 빤 루주 서우쉬 마?

💬 몇 시에 체크인할 수 있어요?

几点可以入住?
Jǐ diǎn kěyǐ rùzhù?
지 디엔 커이 루주?

💬 예약하셨습니까?

您预定了吗?
Nín yùdìng le ma?
닌 위띵 러 마?

💬 싱글룸 예약했어요, 류밍이라고 합니다.

我定的单人间，叫刘明。
Wǒ dìng de dānrénjiān, jiào Liú Míng.
워 띵 더 딴런지엔, 쟈오 리우 밍

💬 체크아웃할 때, 보증금을 돌려 드립니다.

退房时，会退还押金。
Tuìfáng shí, huì tuìhuán yājīn.
투이팡 스, 후이 투이후안 야진

💬 다시 한 번 제 예약을 확인해 주세요.

请再次确认我的预定信息。
Qǐng zàicì quèrèn wǒ de yùdìng xìnxī.
칭 짜이츠 취에렌 워 더 위띵 신시

💬 숙박비를 미리 지불했습니다.

我先支付好了住宿费。
Wǒ xiān zhīfùhǎo le zhùsùfèi.
워 시엔 즈푸하오 러 주쑤페이

💬 숙박 카드를 기입해 주세요.

请填写住宿卡。
Qǐng tiánxiě zhùsùkǎ.
칭 티엔시에 주쑤카

💬 제 짐을 보관해 주세요.

请把我的行李保管好。
Qǐng bǎ wǒ de xíngli bǎoguǎnhǎo.
칭 바 워 더 싱리 바오구안하오

💬 객실은 201호입니다.

您的房间是201号。
Nín de fángjiān shì èr líng yāo hào.
닌 더 팡지엔 스 얼 링 야오 하오

↖ 객실 번호나 전화번호를 읽을 때, '1'은 'yāo'라고 합니다.
이는 '1(yī)'와 '7(qī)'의 발음이 서로 연결되면 혼동될 수 있기
때문입니다.

💬 조식은 아침 8시부터 10시까지 제공합니다.

从早上8点到10点提供早餐。
Cóng zǎoshang bā diǎn dào shí diǎn tígòng zǎocān.
충 짜오상 빠 디엔 따오 스 디엔 티꿍 짜오찬

체크아웃

💬 체크아웃하려고요.

我要退房。
Wǒ yào tuìfáng.
워 야오 투이팡

💬 오전 11시 전에, 체크아웃해야 합니다.

上午11点前得退房。
Shàngwǔ shíyī diǎn qián děi tuìfáng.
상우 스이 디엔 치엔 데이 투이팡

💬 몇 시에 체크아웃하시겠습니까?

您打算几点退房?
Nín dǎsuan jǐ diǎn tuìfáng?
닌 다쑤안 지 디엔 투이팡?

💬 10시에 체크아웃하려고요.

我打算十点退房。
Wǒ dǎsuan shí diǎn tuìfáng.
워 다쑤안 스 디엔 투이팡

💬 이 항목은 무슨 비용입니까?

这一项是什么费用?
Zhè yí xiàng shì shénme fèiyòng?
저 이 시앙 스 선머 페이융?

💬 잘못된 것 같은데요.

我想你们搞错了。
Wǒ xiǎng nǐmen gǎocuò le.
워 시앙 니먼 가오추어 러

호텔 서비스

💬 세탁할 옷이 좀 있는데요.

我有些衣服要洗。
Wǒ yǒuxiē yīfu yào xǐ.
워 여우시에 이푸 야오 시

💬 실례지만 여기 귀중품을 보관할 수 있습니까?

请问这里可以保管贵重物品吗?
Qǐngwèn zhèli kěyǐ bǎoguǎn guìzhòng wùpǐn ma?
칭원 저리 커이 바오구안 꾸이중 우핀 마?

💬 귀중품을 보관하고 싶은데요.

我要把贵重物品保管好。
Wǒ yào bǎ guìzhòng wùpǐn bǎo guǎn hǎo.
워 야오 바 꾸이중우핀 바오구안하오

💬 열쇠를 보관해 주실 수 있어요?

请帮我保管一下钥匙好吗?
Qǐng bāng wǒ bǎoguǎn yíxià yàoshi hǎo ma?
칭 빵 워 바오구안 이시아 야오스 하오 마?

💬 제 방 열쇠를 주세요.

请给我房间钥匙。
Qǐng gěi wǒ fángjiān yàoshi.
칭 게이 워 팡지엔 야오스

💬 모닝콜 서비스를 해 주세요, 아침 6시에 깨워 주세요.

我要叫早服务, 请早上六点叫醒我。
Wǒ yào jiàozǎo fúwù, qǐng zǎoshang liù diǎn jiàoxǐng wǒ.
워 야오 쟈오짜오 푸우, 칭 짜오상 리우 디엔 쟈오싱 워

💬 룸서비스를 해 줄 수 있어요?

可以提供客房送餐服务吗?
Kěyǐ tígōng kèfáng sòngcān fúwù ma?
커이 티꿍 커팡 쑹찬 푸우 마?

💬 하루 연장하려고 하는데, 되나요?

我要延长一天，可以吗?
Wǒ yào yáncháng yì tiān, kěyǐ ma?
워 야오 이엔창 이 티엔, 커이 마?

💬 수건을 바꿔 주세요.

请把毛巾换一下。
Qǐng bǎ máojīn huàn yíxià.
칭 바 마오진 후안 이시아

💬 카드키를 어떻게 사용하죠?

房卡怎么用?
Fángkǎ zěnme yòng?
팡카 쩐머 용?

숙박 시설 트러블

💬 열쇠를 방에 두고 나왔어요.

我把钥匙忘在房间里了。
Wǒ bǎ yàoshi wàng zài fángjiānli le.
워 바 야오스 왕 짜이 팡지엔리 러

💬 실례지만 마스터키를 쓸 수 있을까요?

请问能用一下万能钥匙吗?
Qǐngwèn néng yòng yíxià wànnéng yàoshi ma?
칭원 넝 용 이시아 완넝 야오스 마?

💬 방에 온수가 나오지 않아요.

房间里不出热水了。
Fángjiānli bù chū rèshuǐ le.
팡지엔리 뿌 추 러수이 러

💬 변기가 막혔어요.

马桶堵了。
Mǎtǒng dǔ le.
마통 두 러

💬 방 청소가 안 됐어요.

房间没有打扫。
Fángjiān méiyǒu dǎsǎo.
팡지엔 메이여우 다싸오

💬 옆 방이 시끄러워 죽겠어요.

隔壁房间吵死了。
Gébì fángjiān chǎo sǐle.
거삐 팡지엔 차오 쓰러

Unit 5 관광

관광 안내소

💬 관광 안내소가 어디에 있습니까?

旅游咨询处在哪儿？
Lǚyóu zīxúnchù zài nǎr?
뤼여우 쯔쉰추 짜이 나알?

💬 이 도시의 관광 지도 한 장 주세요.

请给我一张这个城市的旅游地图。
Qǐng gěi wǒ yì zhāng zhè ge chéngshì de lǚyóu dìtú.
칭 게이 워 이 장 저 거 청스 더 뤼여우 띠투

💬 근처에 가 볼 만한 관광지를 추천해 주세요.

请推荐一下附近值得去看的景点。
Qǐng tuījiàn yíxià fùjìn zhídé qù kàn de jǐngdiǎn.
칭 투이지엔 이시아 푸진 즈더 취 칸 더 징디엔

💬 값싸고 좋은 호텔을 추천해 주세요.

请推荐一个价格经济实惠的酒店。
Qǐng tuījiàn yí ge jiàgé jīngjì shíhuì de jiǔdiàn.
칭 투이지엔 이 거 지아거 징지 스후이 더 지우띠엔

💬 대략적인 지도를 그려 주실 수 있어요?

能给我画个大概的地图吗?
Néng gěi wǒ huà ge dàgài de dìtú ma?
넝 게이 워 후아 거 따까이 더 띠투 마?

투어 상담

💬 여행사에 어떤 여행 상품이 있어요?

旅行社有什么旅行商品吗?
Lǚxíngshè yǒu shénme lǚxíng shāngpǐn ma?
뤼싱서 여우 선머 뤼싱 상핀 마?

💬 당일치기 여행 있어요?

有没有一日游?
Yǒuméiyǒu yírìyóu?
여우메이여우 이르여우?

💬 몇 시, 어디에서 출발해요?

几点，从哪儿出发?
Jǐ diǎn, cóng nǎr chūfā?
지 디엔, 충 나알 추파?

💬 몇 시간 걸려요?

需要几个小时?
Xūyào jǐ ge xiǎoshí?
쉬야오 지 거 샤오스?

💬 몇 시에 돌아올 수 있어요?

几点能回来?
Jǐ diǎn néng huílai?
지 디엔 넝 후이라이?

💬 호텔까지 데려다 주나요?

有酒店接送服务吗?
Yǒu jiǔdiàn jiēsòng fúwù ma?
여우 지우띠엔 지에쑹 푸우 마?

💬 1인당 비용이 얼마예요?

一个人的费用是多少?
Yí ge rén de fèiyòng shì duōshǎo?
이 거 런 더 페이융 스 뚜어사오?

💬 관광가이드가 있어요?

有导游吗?
Yǒu dǎoyóu ma?
여우 다오여우 마?

💬 야경을 볼 수 있어요?

可以看夜景吗?
Kěyǐ kàn yèjǐng ma?
커이 칸 이에징 마?

💬 점심 식사가 포함되었나요?

包括午餐吗?
Bāokuò wǔcān ma?
빠오쿠어 우찬 마?

💬 오전에 출발하는 것이 있어요?

有没有上午出发的?
Yǒuméiyǒu shàngwǔ chūfāde?
여우메이여우 상우 추파더?

💬 예약금을 내야 하나요?

要付订金吗?
Yào fù dìngjīn ma?
야오 푸 띵진 마?

입장권 구매

💬 입장권은 어디에서 사요?

在哪儿买门票？
Zài nǎr mǎi ménpiào?
짜이 나알 마이 먼퍄오?

💬 입장권이 얼마예요?

门票是多少钱？
Ménpiào shì duōshǎo qián?
먼퍄오 스 뚜어사오 치엔?

💬 어른표 두 장, 어린이표 한 장 주세요.

请给我两张成人票，一张儿童票。
Qǐng gěi wǒ liǎng zhāng chéngrénpiào, yì zhāng értóngpiào.
칭 게이 워 리앙 장 청런퍄오, 이 장 얼퉁퍄오

💬 1시 공연, 자리 있습니까?

一点的表演，有座位吗？
Yī diǎn de biǎoyǎn, yǒu zuòwèi ma?
이 디엔 더 뱌오이엔, 여우 쭈어웨이 마?

💬 단체표 할인 돼요?

团体票可以打折吗?
Tuántǐpiào kěyǐ dǎzhé ma?
투안티퍄오 커이 다저 마?

관람

💬 이곳의 경치는 아주 아름다워!

这地方风景太美了!
Zhè dìfang fēngjǐng tài měi le!
저 띠팡 펑징 타이 메이 러!

💬 관람 시간은 몇 시에 끝나요?

游览时间到几点为止呢?
Yóulǎn shíjiān dào jǐ diǎn wéizhǐ ne?
여우란 스지엔 따오 지 디엔 웨이즈 너?

💬 이 놀이기구는 7세 이하의 어린이만 이용 가능합니다.

这个游乐设施只限于七岁以下的儿童。
Zhè ge yóulè shèshī zhǐ xiànyú qī suì yǐxià de értóng.
저 거 여우러 서스 즈 시엔위 치 쑤이 이시아 더 얼퉁

💬 안에 둘러봐도 되나요?

可以在里面转一转吗?
Kěyǐ zài lǐmiàn zhuànyizhuàn ma?
커이 짜이 리미엔 주안이주안 마?

💬 기념품 가게는 어디 있습니까?

纪念品商店在哪儿?
Jìniànpǐn shāngdiàn zài nǎr?
지니엔핀 상띠엔 짜이 나알

💬 출구가 어디 있습니까?

出口在哪儿?
Chūkǒu zài nǎr?
추커우 짜이 나알?

길 묻기

💬 실례지만 국립미술관은 어떻게 갑니까?

请问国立美术馆怎么走?
Qǐngwèn guólì měishùguǎn zěnme zǒu?
칭원 구어리 메이수구안 쩐머 쩌우?

💬 실례지만 동방명주에 어떻게 가나요?

请问东方明珠怎么走?
Qǐngwèn Dōngfāngmíngzhū zěnme zǒu?
칭원 뚱팡밍주 쩐머 쩌우?

> 方明珠怎는 상하이를 상징하는 방송 송신탑으로, 상하이 시내를 한눈에 볼 수 있는 전망대가 있습니다.

💬 정류소로 가는 길을 알려 주세요.

请告诉我去站点的路。
Qǐng gàosu wǒ qù zhàndiǎn de lù.
칭 까오쑤 워 취 잔디엔 더 루

💬 실례지만 근처에 지하철역이 있습니까?

请问附近有地铁站吗?
Qǐngwèn fùjìn yǒu dìtiězhàn ma?
칭원 푸진 여우 띠티에잔 마?

💬 여기에서 박물관까지 멉니까?

从这儿到博物馆远吗?
Cóng zhèr dào bówùguǎn yuǎn ma?
충 저얼 따오 보우구안 위엔 마?

💬 여기에서 걸어가면 멉니까?

从这儿走的话远不远?
Cóng zhèr zǒu dehuà yuǎnbuyuǎn?
충 저얼 쩌우 더후아 위엔부위엔?

💬 걸어서 갈 수 있습니까?

可以走着去吗?
Kěyǐ zǒuzhe qù ma?
커이 쩌우저 취 마?

💬 걸어서 가면 몇 분 걸립니까?

走着去需要几分钟?
Zǒuzhe qù xūyào jǐ fēnzhōng?
쩌우저 취 쉬야오 지 펀중?

💬 걸어서 가면 5분이면 도착합니다.

走着去五分钟就到了。
Zǒuzhe qù wǔ fēnzhōng jiù dào le.
쩌우저 취 우 펀중 지우 따오 러

💬 좀 멀어요, 버스를 타고 가는 편이 좋겠어요.

有点远，还是坐公车比较好。
Yǒudiǎn yuǎn, háishì zuò gōngchē bǐjiào hǎo.
여우디엔 위엔, 하이스 쭈어 꿍처 비쟈오 하오

Unit 6 교통

기차

💬 상하이로 가는 왕복표 한 장 주세요.

请给我一张去上海的往返票。
Qǐng gěi wǒ yì zhāng qù Shànghǎi de wǎngfǎnpiào.
칭 게이 워 이 장 취 상하이 더 왕판퍄오

💬 몇 등석으로 드릴까요?

请问您要几等座?
Qǐngwèn nín yào jǐ děng zuò?
칭원 닌 야오 지 덩 쭈어?

💬 베이징으로 가는 침대석표 한 장이요, 윗칸으로 주세요.

我要一张去北京的卧铺，请给我上铺。
Wǒ yào yì zhāng qù Běijīng de wòpù, qǐng gěi wǒ shàngpù.
워 야오 이 장 취 베이징 더 워푸, 칭 게이 워 상푸

💬 배차 간격이 어떻게 되죠?

多长时间一班车?
Duōcháng shíjiān yì bānchē?
뚜어창 스지엔 이 빤처?

💬 30분마다 한 대 있습니다.

每30分钟有一班车。
Měi sānshí fēnzhōng yǒu yì bānchē.
메이 싼스 편중 여우 이 빤처

💬 톈진으로 가는 기차가 몇 시에 출발하죠?

去天津的火车几点出发?
Qù Tiānjīn de huǒchē jǐ diǎn chūfā?
취 티엔진 더 후어처 지 디엔 추파?

지하철

💬 실례지만 매표소가 어디예요?

请问售票处在哪儿?
Qǐngwèn shòupiàochù zài nǎr?
칭원 서우퍄오추 짜이 나알?

💬 지하철 노선도 한 장 주실래요?

能给我一张地铁图吗?
Néng gěi wǒ yì zhāng dìtiětú ma?
넝 게이 워 이 장 띠티에투 마?

💬 어디에서 갈아타나요?

在哪里换车呢?
Zài nǎli huàn chē ne?
짜이 나리 후안 처 너?

💬 2호선으로 갈아타세요.

要换二号线。
Yào huàn èr hàoxiàn.
야오 후안 얼 하오시엔

💬 얼마예요?

多少钱呢?
Duōshǎo qián ne?
뚜어사오 치엔 너?

💬 시단으로 가려면 몇 번 출구로 가야 해요?

去西单应该走几号出口呢?
Qù Xīdān yīnggāi zǒu jǐ hào chūkǒu ne?
취 시딴 잉까이 쩌우 지 하오 추커우 너?

↖ 西单은 베이징 서쪽에 있는 쇼핑 지역입니다.

버스

💬 실례지만 가장 가까운 버스정류장이 어디예요?

请问最近的公交车站在哪里？
Qǐngwèn zuì jìn de gōngjiāochēzhàn zài nǎli?
칭원 쭈이 진 더 꿍쟈오처잔 짜이 나리?

💬 이 차가 공항에 갑니까?

这趟车去机场吗？
Zhè tàng chē qù jīchǎng ma?
저 탕 처 취 지창 마?

💬 어디에서 내려야 하는지 알려 줄 수 있어요?

能告诉我应该在哪儿下车吗？
Néng gàosu wǒ yīnggāi zài nǎr xiàchē ma?
넝 까오쑤 워 잉까이 짜이 나알 시아처 마?

💬 여기에 자리 있어요?

这儿有人坐吗？
Zhèr yǒu rén zuò ma?
저얼 여우 런 쭈어 마?

↖ 이 자리에 앉은 사람이 있냐 없냐는 질문은 자리가 비었는지 여부를 묻는 표현입니다.

💬 여기에서 내리겠습니다.

我要在这儿下车。
Wǒ yào zài zhèr xiàchē.
워 야오 짜이 저얼 시아처

💬 첫차는 몇 시예요?

头班车是几点钟的?
Tóubānchē shì jǐ diǎn zhōng de?
터우빤처 스 지 디엔 중 더?

💬 막차를 놓쳤어요.

我错过了末班车。
Wǒ cuòguò le mòbānchē.
워 추어꾸어 러 모빤처

💬 도중에 내려도 돼요?

我可以中途下车吗?
Wǒ kěyǐ zhōngtú xiàchē ma?
워 커이 중투 시아처 마?

💬 이 버스의 배차는 몇 분 간격이에요?

这个公交车每隔几分钟一趟?
Zhè ge gōngjiāochē měi gé jǐ fēnzhōng yí tàng?
저 거 꿍쟈오처 메이 거 지 펀중 이 탕?

💬 버스 요금은 얼마예요?

公交车票多少钱?
Gōngjiāochēpiào duōshǎo qián?
꿍쟈오처퍄오 뚜어사오 치엔?

💬 이 버스는 천안문광장에 가나요?

这个公交车去天安门广场吗?
Zhè ge gōngjiāochē qù Tiān'ānmén Guǎngchǎng ma?
저 거 꿍쟈오처 취 티엔안먼 구앙창 마?

택시

💬 택시를 불러 주실래요?

能帮我叫辆出租车吗?
Néng bāng wǒ jiào liàng chūzūchē ma?
넝 빵 워 쟈오 리앙 추쭈처 마?

💬 여기에서 택시 잡자!

在这儿打个的吧!
Zài zhèr dǎ ge dī ba!
짜이 저얼 다 거 띠 바!

💬 택시를 못 잡았어요.

我没打到车。
Wǒ méi dǎdào chē.
워 메이 다따오 처

💬 실례지만 어디에 가십니까?

请问您去哪儿?
Qǐngwèn nín qù nǎr?
칭원 닌 취 나알?

💬 공항에 갑니다.

我要去机场。
Wǒ yào qù jīchǎng.
워 야오 취 지창

💬 주소를 알려 주세요.

请告诉我地址。
Qǐng gàosu wǒ dìzhǐ.
칭 까오쑤 워 띠즈

💬 기사님, 좀 빨리 가 주세요!

师傅，请开快一点!
Shīfu, qǐng kāi kuài yìdiǎn!
스푸, 칭 카이 콰이 이디엔!

💬 기사님, 좀 천천히 가 주세요.

师傅，请开慢一点。
Shīfu, qǐng kāi màn yìdiǎn.
스푸, 칭 카이 만 이디엔

💬 저 모퉁이에서 내릴게요.

我在那个拐角处下车。
Wǒ zài nà ge guǎijiǎochù xiàchē.
워 짜이 나 거 과이쟈오추 시아처

💬 곧 도착합니다.

快到了。
kuài dào le.
콰이 따오 러

💬 제 짐을 꺼내 주실래요?

请帮我把行李拿出来好吗？
Qǐng bāng wǒ bǎ xíngli náchūlai hǎo ma?
칭 빵 워 바 싱리 나추라이 하오 마?

💬 트렁크 좀 열어 주세요, 제 짐이 많아서요.

请打开后备箱，我的行李很多。
Qǐng dǎkāi hòubèixiāng, wǒ de xíngli hěn duō.
칭 다카이 허우뻬이시앙, 워 더 싱리 헌 뚜어

배

- 1등석표 한 장 주세요.

    请给我一张一等舱的票。
    Qǐng gěi wǒ yì zhāng yīděngcāng de piào.
    칭 게이 워 이 장 이덩창 더 퍄오

- 나는 매번 배를 탈 때마다 뱃멀미를 한다.

    我每次坐船都晕船。
    Wǒ měicì zuò chuán dōu yūnchuán.
    워 메이츠 쭈어 추안 떠우 윈추안

- 승선 시간은 몇 시입니까?

    上船的时间是几点?
    Shàngchuán de shíjiān shì jǐ diǎn?
    상추안 더 스지엔 스 지 디엔?

- 다음 기항지는 어디입니까?

    下一个停靠港是哪里?
    Xià yí ge tíngkàogǎng shì nǎli?
    시아 이 거 팅카오강 스 나리?

💬 곧 입항합니다.

马上就进港了。
Mǎshàng jiù jìngǎng le.
마상 지우 진강 러

💬 이번 주에 특가 배표 있어요?

有没有本周的特价船票?
Yǒuméiyǒu běnzhōu de tèjià chuánpiào?
여우메이여우 번저우 더 터지아 추안퍄오?

Chapter 6
긴급상황도 OK!

Unit 1 응급 상황
Unit 2 길을 잃음
Unit 3 사건 & 사고

Unit 1 응급 상황

응급 상황

💬 지금 상황이 급박해요.

现在情况紧急。
Xiànzài qíngkuàng jǐnjí.
시엔짜이 칭쿠앙 진지

💬 저를 병원에 보내 주세요.

请送我到医院。
Qǐng sòng wǒ dào yīyuàn.
칭 쑹 워 따오 이위엔

💬 친구가 쓰러졌어요.

朋友晕倒了。
Péngyou yūndǎo le.
펑여우 윈다오 러

💬 그는 다리를 심하게 다쳤어요.

他的腿伤得很严重。
Tā de tuǐ shāng de hěn yánzhòng.
타 더 투이 상 더 헌 이엔중

💬 응급실이 어디예요?

急诊室在哪儿?
Jízhěnshì zài nǎr?
지전스 짜이 나알?

💬 사람 살려!

救命啊!
Jiùmìng a!
지우밍 아!

구급차

💬 구급차를 불러 주실래요?

能帮我叫救护车吗?
Néng bāng wǒ jiào jiùhùchē ma?
넝 빵 워 쟈오 지우후처 마?

💬 구급차를 부를까요?

要不要叫救护车?
Yàobuyào jiào jiùhùchē?
야오부야오 쟈오 지우후처?

💬 어서 구급차를 불러라.

快叫救护车。
Kuài jiào jiùhùchē.
콰이 쟈오 지우후처

💬 구급차가 오기 전에 먼저 움직이지 마라.

在救护车来之前先不要动。
Zài jiùhùchē lái zhīqián xiān búyào dòng.
짜이 지우후처 라이 즈치엔 시엔 부야오 뚱

💬 구급차를 부르려면, 전화번호가 몇 번이죠?

叫救护车的急救电话是多少?
Jiào jiùhùchē de jíjiù diànhuà shì duōshǎo?
쟈오 지우후처 더 지지우 띠엔후아 스 뚜어사오?

💬 구급차가 올 것이다.

救护车会来的。
Jiùhùchē huì lái de.
지우후처 후이 라이 더

💬 구급차가 바로 갈 거예요.

救护车马上就过去。
Jiùhùchē mǎshàng jiù guòqu.
지우후처 마상 지우 꾸어취

💬 구급차가 바로 도착했다.

救护车马上就到。
Jiùhùchē mǎshàng jiù dào.
지우후처 마상 지우 따오

💬 다행히 구급차가 제시간에 왔다.

幸亏救护车来得及时。
Xìngkuī jiùhùchē lái de jíshí.
싱쿠이 지우후처 라이 더 지스

💬 구급차가 오기 전에, 제가 뭘 좀 먼저 할 수 있을까요?

救护车到达之前，我能先做点什么吗？
Jiùhùchē dàodá zhīqián, wǒ néng xiān zuò diǎn shénme ma?
지우후처 따오다 즈치엔, 워 넝 시엔 쭈어 디엔 선머 마?

💬 보호자도 같이 차에 타세요.

监护人一起上车吧。
Jiānnhùrén yìqǐ shàngchē ba.
지엔후런 이치 상처 바

Unit 2 길을 잃음

길을 잃음

💬 길을 잃었어요.

我迷路了。
Wǒ mílù le.
워 미루 러

💬 너 지금 어디 있니?

你现在在哪里?
Nǐ xiànzài zài nǎli?
니 시엔짜이 짜이 나리?

💬 여기가 어디인지 모르겠어요.

我不知道这是哪里。
Wǒ bùzhīdào zhè shì nǎli.
워 뿌즈따오 저 스 나리

💬 내가 어디에 있는지 모르겠어요.

我不知道我在哪里。
Wǒ bùzhīdào wǒ zài nǎli.
워 뿌즈따오 워 짜이 나리

💬 주변에 뭐가 있는지 말씀해 주세요.

请告诉我附近有什么。
Qǐng gàosu wǒ fùjìn yǒu shénme.
칭 까오쑤 워 푸진 여우 선머

💬 죄송하지만, 저도 이곳이 처음입니다.

对不起，我也是第一次来这里。
Duìbuqǐ, wǒ yě shì dì yī cì lái zhèli.
뚜이부치, 워 이에 스 띠 이 츠 라이 저리

미아

💬 내 아들이 없어졌어요.

我儿子丢了。
Wǒ érzi diū le.
워 얼쯔 띠우 러

💬 딸을 어디에서 잃어버렸나요?

你和女儿在哪里走失的？
Nǐ hé nǚ'ér zài nǎli zǒushīde?
니 허 뉘얼 짜이 나리 쩌우스더?

💬 그녀의 외모 특징을 알려 주세요.

请告诉我她的外貌特征。
Qǐng gàosu wǒ tā de wàimào tèzhēng.
칭 까오쑤 워 타 더 와이마오 터정

💬 미아 방송을 하세요.

请广播寻找走丢的孩子。
Qǐng guǎngbō xúnzhǎo zǒudiū de háizi.
칭 구앙뽀 쉰자오 쩌우띠우 더 하이쯔

💬 먼저 실종 신고를 하세요.

先办理失踪人口报案。
Xiān bànlǐ shīzōng rénkǒu bào'àn.
시엔 빤리 스쫑 런커우 빠오안

Unit 3 사건 & 사고

분실

💬 분실물 보관소가 어디예요?

失物招领处在哪儿?
Shīwù zhāolǐngchù zài nǎr?
스우 자오링추 짜이 나알?

💬 언제 어디에서 분실하셨어요?

何时何地丢了东西?
Héshí hédì diū le dōngxi?
허스 허띠 띠우 러 뚱시?

💬 신용 카드를 잃어버렸어요.

信用卡丢了。
Xìnyòngkǎ diū le.
신용카 띠우 러

💬 지갑을 택시에서 잃어버렸어요.

我把钱包丢在出租车上了。
Wǒ bǎ qiánbāo diū zài chūzūchēshang le.
워 바 치엔빠오 띠우 짜이 추쭈처상 러

💬 어디에서 잃어버렸는지 생각나지 않아요.

想不起来在哪里丢的了。
Xiǎngbuqǐlai zài nǎli diūde le.
시앙부치라이 짜이 나리 띠우더 러

분실 신고 & 분실물 센터

💬 분실물은 저희가 일체 책임지지 않습니다.

丢失物品我们概不负责。
Diūshī wùpǐn wǒmen gàibúfùzé.
띠우스 우핀 워먼 까이부푸쩌

💬 분실물 신청서를 작성해 주세요.

请填一下寻物申请表。
Qǐng tián yíxià xúnwù shēnqǐngbiǎo.
칭 티엔 이시아 쉰우 선칭뱌오

💬 분실한 짐을 찾으러 왔습니다.

我来找我丢的行李。
Wǒ lái zhǎo wǒ diū de xíngli.
워 라이 자오 워 띠우 더 싱리

💬 신용 카드를 잃어버렸어요, 분실 신고를 하려고요.

我信用卡丢了，我要挂失。
Wǒ xìnyòngkǎ diū le, wǒ yào guàshī.
워 신용카 띠우 러, 워 야오 꾸아스

💬 어서 분실 신고해.

快挂失。
Kuài guàshī.
콰이 꾸아스

💬 이것을 분실물 센터에 갖다줘야 해.

你应该把这个交给失物招领中心。
Nǐ yīnggāi bǎ zhè ge jiāo gěi shīwù zhāolǐng zhōngxīn.
니 잉까이 바 저 거 쟈오 게이 스우 자오링 중신

도난

💬 도둑이야!

有贼啊!
Yǒu zéi a!
여우 쩨이 아!

💬 도둑 잡아라!

抓贼啊!
Zhuā zéi a!
주아 쩨이 아!

💬 내 지갑을 도둑맞았어요.

我的钱包被偷了。
Wǒ de qiánbāo bèi tōu le.
워 더 치엔빠오 뻬이 터우 러

💬 그는 내 지갑을 훔쳤다.

他偷了我的钱包。
Tā tōu le wǒ de qiánbāo.
타 터우 러 워 더 치엔빠오

💬 어떤 사람이 내 가방을 훔쳤다.

有人偷了我的包。
Yǒurén tōu le wǒ de bāo.
여우런 터우 러 워 더 빠오

💬 오늘 아침 지하철에서 도둑맞았어요.

今早在地铁上被偷了。
Jīnzǎo zài dìtiěshang bèi tōu le.
진짜오 짜이 띠티에상 뻬이 터우 러

💬 경비원을 불러 주세요.

帮我叫保安。
Bāng wǒ jiào bǎo'ān.
빵 워 쟈오 바오안

💬 이웃은 이미 몇 차례 도난당했어요.

隔壁已经失窃好几次了。
Gébì yǐjīng shīqiè hǎo jǐ cì le.
거삐 이징 스치에 하오 지 츠 러

💬 도난당한 후에 경찰에 신고했어요?

你被盗后报警了吗?
Nǐ bèi dào hòu bàojǐng le ma?
니 뻬이 따오 허우 빠오징 러 마?

💬 그것은 도난을 방지하는 것이에요.

那是防止失窃的。
Nà shì fángzhǐ shīqiè de.
나 스 팡즈 스치에 더

💬 어젯밤 우리 집에 도둑이 들었다.

昨晚我家进贼了。
Zuówǎn wǒ jiā jìn zéi le.
쭈어완 워 지아 진 쩨이 러

💬 외출했을 때 도둑이 들어오면 어떡하죠?

外出时如果盗贼进来怎么办?
Wàichū shí rúguǒ dàozéi jìnlai zěnme bàn?
와이추 스 루구어 따오쩨이 진라이 쩐머 빤?

💬 여기 CCTV 있어요?

这里有监视器吗?
Zhèli yǒu jiānshìqì ma?
저리 여우 지엔스치 마?

소매치기 & 좀도둑

💬 좀도둑 잡아라!

抓小偷!
Zhuā xiǎotōu!
주아 샤오터우!

💬 소매치기를 조심하세요!

小心扒手!
Xiǎoxīn páshǒu!
샤오신 파서우!

💬 좀도둑이 내 지갑을 훔쳤다.

小偷偷了我的钱包。
Xiǎotōu tōu le wǒ de qiánbāo.
샤오터우 터우 러 워 더 치엔빠오

💬 여기는 좀도둑을 만나기 쉬우니, 조심하세요.

这里容易碰到小偷，要小心。
Zhèli róngyì pèngdào xiǎotōu, yào xiǎoxīn.
저리 룽이 펑따오 샤오터우, 야오 샤오신

💬 승객 여러분, 자신의 소지품을 잘 보시고, 도난당하지 않도록 조심하세요.

乘客朋友们请注意，请看好自己的物品，小心被盗。
Chéngkè péngyoumen qǐng zhùyì, qǐng kànhǎo zìjǐ de wùpǐn, xiǎoxīn bèi dào.
청커 펑여우먼 칭 주이, 칭 칸하오 쯔지 더 우핀, 샤오신 뻬이 따오

사기

💬 나는 속았어요.

我被骗了。
Wǒ bèi piàn le.
워 뻬이 피엔 러

💬 사기꾼에게 돈을 떼였어요.

钱被骗子骗走了。
Qián bèi piànzi piànzǒu le.
치엔 뻬이 피엔쯔 피엔쩌우 러

💬 그는 사기꾼이에요.

他是个骗子。
Tā shì ge piànzi.
타 스 거 피엔쯔

💬 날 속이지 마라.

别骗我了。
Bié piàn wǒ le.
비에 피엔 워 러

💬 이건 순전히 속임수예요.

这纯粹是一个骗局。
Zhè chúncuì shì yí ge piànjú.
저 춘추이 스 이 거 피엔쥐

💬 보이스피싱 사기를 당했어요.

我被电话诈骗给骗了。
Wǒ bèi diànhuà zhàpiàn gěi piàn le.
워 뻬이 띠엔후아 자피엔 게이 피엔 러

💬 그는 나를 속여 내 돈을 빼앗았어요.

他骗了我的钱。
Tā piàn le wǒ de qián.
타 피엔 러 워 더 치엔

💬 그는 사기죄로 체포됐다.

他因诈骗罪被捕了。
Tā yīn zhàpiànzuì bèi bǔ le.
타 인 자피엔쭈이 뻬이 부 러

💬 나는 그 사기꾼의 말을 믿었다.

我相信了那个骗子的话。
Wǒ xiāngxìn le nà ge piànzi de huà.
워 시앙신 러 나 거 피엔쯔 더 후아

💬 그는 완전히 사기꾼이다.

他纯粹就是个骗子。
Tā chúncuì jiùshì ge piànzi.
타 춘추이 지우스 거 피엔쯔

💬 나는 택시 기사에게 속았다.

我被出租车司机骗了。
Wǒ bèi chūzūchē sījī piàn le.
워 뻬이 추쭈처 쓰지 피엔 러

경찰 신고

💬 여기에서 가장 가까운 파출소가 어디예요?

离这儿最近的派出所在哪里？
Lí zhèr zuì jìn de pàichūsuǒ zài nǎli?
리 저얼 쭈이 진 더 파이추쑤어 짜이 나리?

💬 경찰에 신고해.

报警。
Bàojǐng.
빠오징

💬 나는 도둑맞아서, 경찰에 신고할 거야.

我被偷了，我要报警。
Wǒ bèi tōu le, wǒ yào bàojǐng.
워 뻬이 터우 러, 워 야오 빠오징

💬 가장 가까운 파출소에 가서 신고하는 게 좋겠어요.

去最近的派出所报警比较好。
Qù zuì jìn de pàichūsuǒ bàojǐng bǐjiào hǎo.
취 쭈이 진 더 파이추쑤어 빠오징 비쟈오 하오

💬 한국 대사관에 연락해 주세요.

请帮我联系韩国大使馆。
Qǐng bāng wǒ liánxì Hánguó dàshǐguǎn.
칭 빵 워 리엔시 한구어 따스구안

교통사고

💬 차 사고를 목격했어요.

我目击了车祸。
Wǒ mùjī le chēhuò.
워 무지 러 처후어

💬 두 대의 차가 정면 충돌했어요.

两车正面相撞。
Liǎng chē zhèngmiàn xiāngzhuàng.
리앙 처 정미엔 시앙주앙

💬 저 차 사고는 언제 일어났어요?

那场车祸是什么时候发生的?
Nà chǎng chēhuò shì shénme shíhou fāshēng de?
나 창 처후어 스 선머 스허우 파성 더?

💬 교통사고 증명서를 작성하는 것을 도와주세요.

请帮我开具交通事故证明。
Qǐng bāng wǒ kāijù jiāotōng shìgù zhèngmíng.
칭 빵 워 카이쥐 쟈오퉁 스꾸 정밍

💬 운전면허증을 보여 주세요.

请出示您的驾照。
Qǐng chūshì nín de jiàzhào.
칭 추스 닌 더 지아자오

💬 음주 측정기를 불어 주세요.

请吹酒精测试仪。
Qǐng chuī jiǔjīng cèshìyí.
칭 추이 지우징 처스이

안전사고

💬 그는 수영할 때 하마터면 익사할 뻔했다.

他游泳时差点淹死。
Tā yóuyǒng shí chàdiǎn yānsǐ.
타 여우융 스 차디엔 이엔쓰

💬 바다에 빠진 소년은 익사했다.

坠入海中的少年溺亡了。
Zhuìrù hǎizhōng de shàonián nìwáng le.
쭈이루 하이중 더 사오니엔 니왕 러

💬 그는 감전되어 죽을 뻔했다.

他差点触电身亡。
Tā chàdiǎn chùdiàn shēnwáng.
타 차디엔 추디엔 선왕

💬 계단이 미끄럽다.

台阶很滑。
Táijiē hěn huá.
타이지에 헌 후아

💬 미끄러져 넘어지지 않게 조심해요.

小心滑倒。
Xiǎoxīn huádǎo.
샤오신 후아다오

💬 구명조끼 입어라!

穿救生衣吧!
Chuān jiùshēngyī ba!
추안 지우성이 바!

💬 돌에 걸려 넘어졌다.

我被石头绊倒了。
Wǒ bèi shítou bàndǎo le.
워 뻬이 스터우 빤다오 러

💬 그는 돌에 걸려, 발목이 삐었다.

他被石头绊了一跤，扭伤了脚踝。
Tā bèi shítou bàn le yì jiāo, niǔshāng le jiǎohuái.
타 뻬이 스터우 빤 러 이 쟈오, 니우상 러 쟈오화이

💬 그녀는 중심을 잃고 넘어졌다.

她失去重心摔倒了。
Tā shīqù zhòngxīn shuāidǎo le.
타 스취 중신 솨이다오 러

💬 나는 자전거를 타다가 넘어졌다.

我骑自行车时摔倒了。
Wǒ qí zìxíngchē shí shuāidǎo le.
워 치 쯔싱처 스 솨이다오 러

💬 할머니가 넘어지셔서, 무릎을 다치셨다.

老奶奶摔倒了，膝盖受伤了。
Lǎo nǎinǎi shuāidǎo le, xīgài shòushāng le.
라오 나이나이 솨이다오 러, 시까이 서우상 러

화재

💬 불이 났어요!

着火了!
Zháohuǒ le!
자오후어 러!

💬 어서 119에 전화해.

快打119。
Kuài dǎ yāo yāo jiǔ.
콰이 다 야오 야오 지우

- 어젯밤에 화재가 발생했다.

  昨晚发生火灾了。
  Zuówǎn fāshēng huǒzāi le.
  쭈어완 파성 후어짜이 러

- 이 건물은 어젯밤 화재로 타 버렸다.

  这个建筑在昨晚的火灾中被烧毁。
  Zhè ge jiànzhù zài zuówǎn de huǒzāi zhōng bèi shāohuǐ.
  저 거 지엔주 짜이 쭈어완 더 후어짜이 중 뻬이 사오후이

- 화재가 발생하여, 사람들이 대피했다.

  发生火灾后，人们撤离了。
  Fāshēng huǒzāi hòu, rénmen chèlí le.
  파성 후어짜이 허우, 런먼 처리 러

- 화재는 보통 사람들이 소홀해서 발생한다.

  火灾一般是由于人们的疏忽引发的。
  Huǒzāi yìbān shì yóuyú rénmen de shūhū yǐnfā de.
  후어짜이 이빤 스 여우위 런먼 더 수후 인파 더

💬 소방대원은 5분 안에 현장에 왔다.

消防队员五分钟内赶到现场。
Xiāofáng duìyuán wǔ fēnzhōng nèi gǎndào xiànchǎng.
샤오팡 뚜이위엔 우 펀중 네이 간따오 시엔창

💬 화재가 발생해서 우리는 대피했다.

发生火灾后我们撤离了。
Fāshēng huǒzāi hòu wǒmen chèlí le.
파성 후어짜이 허우 워먼 처리 러

💬 화재 경보가 울리면 즉시 피하세요.

火灾警报拉响后请立即撤离。
Huǒzāi jǐngbào lāxiǎng hòu qǐng lìjí chèlí.
후어짜이 징빠오 라시앙 허우 칭 리지 처리

💬 그 화재 원인은 뭐예요?

那场火灾的原因是什么？
Nà chǎng huǒzāi de yuányīn shì shénme?
나 창 후어짜이 더 위엔인 스 선머?

지진

💬 한밤중에 지진이 발생했다.

半夜里发生了地震。
Bànyèli fāshēng le dìzhèn.
빤이에리 파성 러 띠전

💬 지진으로 땅이 갈라졌다.

地震把地面震裂了。
Dìzhèn bǎ dìmiàn zhènliè le.
띠전 바 띠미엔 전리에 러

💬 저 마을은 지진으로 파괴되었다.

那个村庄被地震摧毁了。
Nà ge cūnzhuāng bèi dìzhèn cuīhuǐ le.
나 거 춘추앙 뻬이 띠전 추이후이 러

💬 쓰촨성에 진도 8의 지진이 발생했다.

四川省发生了八级地震。
Sìchuānshěng fāshēng le bā jí dìzhèn.
쓰추안성 파성 러 빠 지 띠전

💬 경주에 진도 2의 지진이 발생했다.

庆州发生了二级地震。
Qìngzhōu fāshēng le èr jí dìzhèn.
칭저우 파성 러 얼 지 띠전

💬 지진대피소에서 구조를 기다리고 있어.

在防震棚等候救护。
Zài fángzhènpéng děnghòu jiùhù.
짜이 팡전펑 덩허우 지우후

💬 지진으로 많은 건물이 훼손되었다.

地震给很多建筑物造成破坏。
Dìzhèn gěi hěn duō jiànzhùwù zàochéng pòhuài.
띠전 게이 헌 뚜어 지엔주우 짜오청 포화이

💬 지진은, 사람들이 들으면 무서워한다.

对于地震，人人都听之色变。
Duìyú dìzhèn, rénrén dōu tīng zhī sèbiàn.
뚜이위 띠전, 런런 떠우 팅 즈 써삐엔

💬 이렇게 큰 규모의 지진을 본 적 없다.

这么大规模的地震我从来没看过。
Zhème dàguīmó de dìzhèn wǒ cónglái méi kànguo.
저머 따꾸이모 더 띠전 워 총라이 메이 칸구어

💬 지진이 발생하면, 탁자 아래로 몸을 피해라.

发生地震的话，应该躲在桌子下面。
Fāshēng dìzhèn dehuà, yīnggāi duǒ zài zhuōzi xiàmian.

파성 띠전 더후아, 잉까이 두어 짜이 주어쯔 시아미엔

💬 봐 봐, 이것은 지진으로 만들어진 해일이야.

看看吧，这是地震造成的海啸。
Kànkan ba, zhè shì dìzhèn zàochéng de hǎixiào.

칸칸 바, 저 스 띠전 짜오청 더 하이샤오

Chapter 7
너희들 덕에 편하구나!

Unit 1 **컴퓨터**
Unit 2 **인터넷**
Unit 3 **휴대 전화**

Unit 1 컴퓨터

MP3. C7_U1

컴퓨터

💬 컴퓨터를 켜고 끄는 법을 아세요?

你知道怎么开电脑关电脑吗?
Nǐ zhīdào zěnme kāi diànnǎo guān diànnǎo ma?
니 즈따오 쩐머 카이 띠엔나오 꾸안 띠엔나오 마?

你知道怎么开关机吗?
Nǐ zhīdào zěnme kāiguānjī ma?
니 즈따오 쩐머 카이꾸안지 마?

💬 그녀는 컴퓨터를 잘 다룬다.

她能熟练地操作电脑。
Tā néng shúliànde cāozuò diànnǎo.
타 넝 수리엔더 차오쭈어 띠엔나오

💬 나는 컴맹이에요.

我是电脑盲。
Wǒ shì diànnǎománg.
워 스 띠엔나오망

💬 보통 쓰는 OS는 뭐예요?

一般常用的电脑操作系统是什么？
Yìbān cháng yòng de diànnǎo cāozuò xìtǒng shì shénme?
이빤 창 융 더 띠엔나오 차오쭈어 시퉁 스 선머?

💬 요즘 노트북 컴퓨터는 필수품 중 하나이다.

最近笔记本电脑是必需品之一。
Zuìjìn bǐjìběn diànnǎo shì bìxūpǐn zhī yī.
쭈이진 비지번 띠엔나오 스 삐쉬핀 즈 이

💬 내 컴퓨터 속도가 느려서 어떤 파일도 안 열린다.

我的电脑速度很慢，打不开任何文件。
Wǒ de diànnǎo sùdù hěn màn, dǎbukāi rènhé wénjiàn.
워 더 띠엔나오 쑤뚜 헌 만, 다부카이 런허 원지엔

💬 컴퓨터가 고장 났어요.

电脑出故障了。
Diànnǎo chū gùzhàng le.
띠엔나오 추 꾸장 러

💬 백신 프로그램을 실행시켜요.

运行防病毒程序。
Yùnxíng fángbìngdú chéngxù.
윈싱 팡삥두 청쉬

💬 나는 컴퓨터를 어떻게 조작하는지 몰라요.

我不知道怎么操作电脑。
Wǒ bùzhīdào zěnme cāozuò diànnǎo.
워 뿌즈따오 쩐머 차오쭈어 띠엔나오

💬 컴퓨터에 문제가 있으면, 재부팅 해라.

电脑有问题，重新启动吧。
Diànnǎo yǒu wèntí, chóngxīn qǐdòng ba.
띠엔나오 여우 원티, 충신 치똥 바

컴퓨터 모니터

💬 컴퓨터 모니터가 켜지지 않았다.

电脑显示器没有打开。
Diànnǎo xiǎnshìqì méiyǒu dǎkāi.
띠엔나오 시엔스치 메이여우 다카이

💬 컴퓨터 모니터가 어떻게 된 거예요?

电脑显示器怎么了?
Diànnǎo xiǎnshìqì zěnme le?
띠엔나오 시엔스치 쩐머 러?

💬 모니터 화면이 나갔어요.

电脑屏幕死机了。
Diànnǎo píngmù sǐjī le.
띠엔나오 핑무 쓰지 러

💬 모니터가 이상한데요.

显示器是模糊的。
Xiǎnshìqì shì móhú de.
시엔스치 스 모후 더

💬 어떤 상표의 모니터가 제일 좋아?

什么牌子的电脑显示器最好?
Shénme páizi de diànnǎo xiǎnshìqì zuì hǎo?
선머 파이쯔 더 띠엔나오 시엔스치 쭈이 하오?

키보드 & 마우스

💬 그는 키보드로 입력하고 있다.

他在键盘上打字。
Tā zài jiànpánshang dǎzì.
타 짜이 지엔판상 다쯔

💬 그녀의 손가락은 빠르게 키보드를 치고 있다.

她的手指飞快地敲着键盘。
Tā de shǒuzhǐ fēikuàide qiāozhe jiànpán.
타 더 서우즈 페이콰이더 챠오저 지엔판

💬 키보드가 안 눌려져요.

键盘按不动了。
Jiànpán ànbudòng le.
지엔판 안부뚱 러

💬 무선 마우스가 있으면 좋겠는데.

要是有无线鼠标就好了。
Yàoshi yǒu wúxiàn shǔbiāo jiù hǎo le.
야오스 여우 우시엔 수뺘오 지우 하오 러

💬 마우스가 불은 들어오는데, 반응이 없어, 어떡하지?

鼠标灯亮但是没反应，我该怎么办？

Shǔbiāo dēng liàng dànshì méi fǎnyìng, wǒ gāi zěnme bàn?

수빠오 떵 리앙 딴스 메이 판잉, 워 까이 쩐머 빤?

프린터

💬 테스트 페이지를 이미 프린터로 보냈다.

测试页面现已被传送到打印机。

Cèshì yèmiàn xiàn yǐ bèi chuánsòngdào dǎyìnjī.

처스 이에미엔 시엔 이 뻬이 추안쑹따오 다인지

💬 프린터의 잉크를 다 썼어요.

打印机的墨水用完了。

Dǎyìnjī de mòshuǐ yòngwán le.

다인지 더 모수이 융완 러

💬 카트리지의 잉크를 어떻게 충전해요?

墨盒的墨水怎么加呢？
Mòhé de mòshuǐ zěnme jiā ne?
모허 더 모수이 쩐머 지아 너?

💬 프린터에 종이가 걸렸어요.

打印机卡纸了。
Dǎyìnjī qiǎzhǐ le.
다인지 치아즈 러

💬 프린터에 종이가 없어요.

打印机没纸了。
Dǎyìnjī méi zhǐ le.
다인지 메이 즈 러

💬 프린터 좀 켜 주세요.

请帮我打开打印机。
Qǐng bāng wǒ dǎkāi dǎyìnjī.
칭 빵 워 다카이 다인지

복사기

💬 복사기를 어떻게 사용하는지 알려줄 수 있어요?

你能告诉我如何使用复印机吗?
Nǐ néng gàosu wǒ rúhé shǐyòng fùyìnjī ma?
니 넝 까오쑤 워 루허 스융 푸인지 마?

💬 안에 걸린 종이를 빼는 걸 도와주세요.

请帮我把里面卡的纸拿出来。
Qǐng bāng wǒ bǎ lǐmiàn qiǎ de zhǐ náchūlai.
칭 빵 워 바 리미엔 치아 더 즈 나추라이

💬 이 복사기는 문제가 있네.

这台复印机有问题。
Zhè tái fùyìnjī yǒu wèntí.
저 타이 푸인지 여우 원티

💬 이거, 20장 복사해 주세요.

这个,请复印20张。
Zhège, qǐng fùyìn èrshí zhāng.
저거, 칭 푸인 얼스 장

💬 확대 복사는 어떻게 하지?

怎么扩大复印呢?
Zěnme kuòdà fùyìn ne?
쩐머 쿠어따 푸인 너?

문서 작업

💬 나는 주로 한글 프로그램을 사용합니다.

我通常使用韩字软件。
Wǒ tōngcháng shǐyòng Hánzì ruǎnjiàn.
워 퉁창 스융 한쯔 루안지엔

💬 엑셀 프로그램을 잘 다루니?

你擅长Excel吗?
Nǐ shàncháng Excel ma?
니 산창 엑셀 마?

💬 열기 버튼을 클릭하세요.

单击打开按钮。
Dānjī dǎkāi ànniǔ.
딴지 다카이 안니우

💬 글자체를 스페셜 서체로 바꿔요.

字体更改为哥特式。
Zìtǐ gēnggǎiwéi gētèshì.

쯔티 껑가이웨이 꺼터스

> 哥特式는 고전적인 스타일의 서체를 말하며, 주로 장식용으로 많이 사용합니다.

💬 글자 크기를 좀 크게 하면 어때요?

把字的大小变大些怎么样？
Bǎ zì de dàxiǎo biàn dàxiē zěnmeyàng?

바 쯔 더 따샤오 삐엔 따시에 쩐머양?

💬 제목은 더 굵게 하면 어때요?

标题更粗一些如何？
Biāotí gèng cū yìxiē rúhé?

뺘오티 껑 추 이시에 루허?

💬 이 한 단락을 복사해서 문서에 붙이세요.

复制这一个段落并将其粘贴到文档中。
Fùzhì zhè yí ge duànluò bìng jiāng qí zhāntiēdào wéndàng zhōng.

푸즈 저 이 거 뚜안루어 삥 지앙 치 잔티에따오 원땅 중

💬 이 파일을 txt 형식으로 저장할 수 있어요?

你能把这个文件用txt的格式保存吗?
Nǐ néng bǎ zhè ge wénjiàn yòng txt de géshì bǎocún ma?
니 넝 바 저 거 원지엔 융 티엑스티 더 거스 바오춘 마?

💬 문서에 페이지 번호를 표시해 주세요.

请给文件标上页码。
Qǐng gěi wénjiàn biāoshàng yèmǎ.
칭 게이 원지엔 뺘오샹 이에마

💬 이 문장을 가운데 정렬해 주세요.

请设置这个句子居中。
Qǐng shèzhì zhè ge jùzi jūzhōng.
칭 서즈 저 거 쥐쯔 쥐중

파일 저장 & 관리

💬 나는 실수로 파일을 지웠어요.

我不小心删除了文件。
Wǒ bù xiǎoxīn shānchú le wénjiàn.
워 뿌 샤오신 산추 러 원지엔

💬 원본 파일 갖고 있어요?

你有原始文件吗?
Nǐ yǒu yuánshǐ wénjiàn ma?
니 여우 위엔스 원지엔 마?

💬 프로그램을 닫기 전에 파일을 저장하는 것은 매우 중요하다.

关闭程序之前保存该文件是非常重要的。
Guānbì chéngxù zhīqián bǎocún gāi wénjiàn shì fēicháng zhòngyào de.
꾸안삐 청쉬 즈치엔 바오춘 까이 원지엔 스 페이창 중야오 더

💬 그것을 어떤 폴더에 저장했어요?

你把它保存在哪个文件夹了?
Nǐ bǎ tā bǎocún zài nǎ ge wénjiànjiá le?
니 바 타 바오춘 짜이 나 거 원지엔지아 러?

💬 이 파일에 비밀번호를 설정했다.

我把这个文件设定了密码。
Wǒ bǎ zhè ge wénjiàn shèdìng le mìmǎ.
워 바 저 거 원지엔 서띵 러 미마

💬 파일을 저장할 때 새 이름으로 하세요.

保存文件时请另存一个新名称。
Bǎocún wénjiàn shí qǐng lìng cún yí ge xīn míngchēng.
바오춘 원지엔 스 칭 링 춘 이 거 신 밍청

💬 저장할 새 파일명을 고르세요.

请选择要保存的新文件名。
Qǐng xuǎnzé yào bǎocún de xīn wénjiànmíng.
칭 쉬엔쩌 야오 바오춘 더 신 원지엔밍

💬 자료를 외장하드에 백업했다.

我把资料在移动硬盘备份了。
Wǒ bǎ zīliào zài yídòngyìngpán bèifèn le.
워 바 쯔랴오 짜이 이똥잉판 뻬이펀 러

💬 손상된 파일을 복구할 수 있어요?

你可以复原损伤的文件吗?
Nǐ kěyǐ fùyuán sǔnshāng de wénjiàn ma?
니 커이 푸위엔 쑨상 더 원지엔 마?

💬 정기적으로 컴퓨터 바이러스 체크하는 거 잊지 마.

不要忘记定期确认电脑病毒。

Búyào wàngjì dìngqī quèrèn diànnǎo bìngdú.
부야오 왕지 띵치 취에런 띠엔나오 삥두

Unit 2 인터넷

인터넷

💬 나는 인터넷을 하면서 시간을 보낸다.

我上网打发时间。
Wǒ shàngwǎng dǎfā shíjiān.
워 상왕 다파 스지엔

我上网消磨时间。
Wǒ shàngwǎng xiāomó shíjiān.
워 상왕 샤오모 스지엔

💬 그냥 인터넷 검색하고 있어요.

只是在网上冲浪。
Zhǐshì zài wǎngshàng chōnglàng.
즈스 짜이 왕상 충랑

💬 어떻게 해야 인터넷을 할 수 있죠?

我怎样才能上网?
Wǒ zěnyàng cái néng shàngwǎng?
워 쩐양 차이 넝 상왕?

💬 인터넷에 접속했어요?

你连上网了吗？
Nǐ lián shàngwǎng le ma?
니 리엔 상왕 러 마?

你连接到互联网了吗？
Nǐ liánjiēdào hùliánwǎng le ma?
니 리엔지에따오 후리엔왕 러 마?

💬 오늘날, 우리는 인터넷에서 못 하는 것이 없다.

今天，我们在互联网上无所不能。
Jīntiān, wǒmen zài hùliánwǎngshàng wúsuǒbùnéng.
진티엔, 워먼 짜이 후리엔왕상 우쑤어뿌넝

💬 나는 인터넷으로 영어를 공부한다.

我要通过互联网学习英语。
Wǒ yào tōngguò hùliánwǎng xuéxí Yīngyǔ.
워 야오 퉁꾸어 후리엔왕 쉬에시 잉위

💬 검색창에 키워드를 입력해 보세요.

请在搜索栏里输入关键词。
Qǐng zài sōusuǒlánli shūrù guānjiàncí.
칭 짜이 써우쑤어란리 수루 꾸안지엔츠

💬 인터넷으로 그 회사의 정보를 알 수 있다.

可以通过网上了解到那个公司的信息。
Kěyǐ tōngguò wǎngshàng liǎojiědào nà ge gōngsī de xìnxī.
커이 퉁꾸어 왕상 랴오지에따오 나 거 꿍쓰 더 신시

💬 우리 웹사이트를 즐겨찾기에 추가해 주세요.

请把我们的网站添加到你的收藏夹。
Qǐng bǎ wǒmen de wǎngzhàn tiānjiādào nǐ de shōucángjiā.
칭 바 워먼 더 왕잔 티엔지아따오 니 더 서우창지아

💬 인터넷 뱅킹은 정말 편리하다.

网银真方便。
Wǎngyín zhēn fāngbiàn.
왕인 전 팡삐엔

이메일

💬 저한테 이메일을 보내 주세요.

给我发邮件。
Gěi wǒ fā yóujiàn.
게이 워 파 여우지엔

💬 네 이메일 주소가 뭐니?

你的邮件地址是什么?
Nǐ de yóujiàn dìzhǐ shì shénme?
니 더 여우지엔 띠즈 스 선머?

💬 다른 이메일 주소 있어요?

你有别的邮件地址吗?
Nǐ yǒu bié de yóujiàn dìzhǐ ma?
니 여우 비에 더 여우지엔 띠즈 마?

💬 제 이메일에 답신 주세요.

请给我回复邮件。
Qǐng gěi wǒ huífù yóujiàn.
칭 게이 워 후이푸 여우지엔

💬 당신에게 보낸 이메일이 반송되었어요.

我给你发的电子邮件被退回了。
Wǒ gěi nǐ fā de diànzi yóujiàn bèi tuìhuí le.
워 게이 니 파 더 띠엔쯔 여우지엔 뻬이 투이후이 러

💬 첨부 파일이 열리지 않아요.

附件打不开。
Fùjiàn dǎbukāi.
푸지엔 다부카이

💬 네가 보낸 이메일에 첨부 파일이 없는데.

你发过来的邮件没有附件。
Nǐ fāguòlai de yóujiàn méiyǒu fùjiàn.
니 파꾸어라이 더 여우지엔 메이여우 푸지엔

💬 천웨이에게 보낸 이메일을 당신에게 전달할게요.

我会转发陈伟的电子邮件给你。
Wǒ huì zhuǎnfā Chén Wěi de diànzi yóujiàn gěi nǐ.
워 후이 주안파 천 웨이 더 띠엔쯔 여우지엔 게이 니

💬 나는 이미 모두에게 이메일로 새해 인사를 보냈다.

我已经发电子邮件祝大家新年快乐。
Wǒ yǐjīng fā diànzi yóujiàn zhù dàjiā xīnnián kuàilè.
워 이징 파 띠엔쯔 여우지엔 주 따지아 신니엔 콰이러

💬 이메일로 더 많은 소식을 받을 수 있을까요?

我可否通过电子邮件获得更多的信息?
Wǒ kěfǒu tōngguò diànzi yóujiàn huòdé gèng duō de xìnxī?
워 커포우 퉁꾸어 띠엔쯔 여우지엔 후어더 껑 뚜어 더 신시?

블로그

💬 블로그 있어요?

你有博客吗?
Nǐ yǒu bókè ma?
니 여우 보커 마?

💬 당신의 블로그를 소개해 주세요.

介绍一下你的博客。
Jièshào yíxià nǐ de bókè.
지에사오 이시아 니 더 보커

💬 여행 때 찍었던 사진을 블로그에 업로드했어요.

我在博客里上载了旅行时拍的照片。
Wǒ zài bókèli shàngzài le lǚxíng shí pāi de zhàopiàn.
워 짜이 보커리 상짜이 러 뤼싱 스 파이 더 자오피엔

💬 그의 블로그가 썰렁하다.

他的博客很冷清。
Tā de bókè hěn lěngqīng.
타 더 보커 헌 렁칭

他的博客里没什么内容。
Tā de bókèli méi shénme nèiróng.
타 더 보커리 메이 선머 네이룽

💬 그녀의 블로그로 그녀가 어떤 사람인지 알 수 있어요.

通过她的博客可以了解她的为人。
Tōngguò tā de bókè kěyǐ liǎojiě tā de wéirén.
퉁꾸어 타 더 보커 커이 랴오지에 타 더 웨이런

Unit 3 휴대 전화

MP3. C7_U3

휴대 전화

💬 휴대 전화 번호 좀 알려 줘.

请告诉我你的手机号。
Qǐng gàosu wǒ nǐ de shǒujīhào.
칭 까오쑤 워 니 더 서우지하오

💬 내 번호를 네 휴대 전화에 저장해.

把我的号码存到你的手机里。
Bǎ wǒ de hàomǎ cúndào nǐ de shǒujīli.
바 워 더 하오마 춘따오 니 더 서우지리

💬 휴대 전화 번호가 바뀌었어요.

我换了手机号。
Wǒ huàn le shǒujīhào.
워 후안 러 서우지하오

💬 이것은 최신형이죠?

这是最新款吧?
Zhè shì zuì xīn kuǎn ba?
저 스 쭈이 신 쿠안 바?

💬 내 휴대 전화는 최신형이에요.

我的手机是最新款的。
Wǒ de shǒujī shì zuì xīn kuǎn de.
워 더 서우지 스 쭈이 신 쿠안 더

💬 부재중 전화가 두 통 있다.

我有两个未接电话。
Wǒ yǒu liǎng ge wèijiē diànhuà.
워 여우 리앙 거 웨이지에 띠엔후아

💬 내 스마트폰 어때?

我的智能手机怎么样?
Wǒ de zhìnéng shǒujī zěnmeyàng?
워 더 즈넝 서우지 쩐머양?

💬 스마트폰의 기능은 컴퓨터와 같다.

智能手机的功能跟电脑一样。
Zhìnéng shǒujī de gōngnéng gēn diànnǎo yíyàng.
즈넝 서우지 더 꿍녕 껀 띠엔나오 이양

💬 휴대 전화가 없었을 때, 어떻게 살았지?

没有手机的时候，怎么生活下去呢？
Méiyǒu shǒujī de shíhou, zěnme shēnghuóxiàqu ne?
메이여우 서우지 더 스허우, 쩐머 성후어시아취 너?

💬 운전 중 휴대 전화를 쓰지 마세요.

请不要在驾车时使用手机。
Qǐng búyào zài jiàchē shí shǐyòng shǒujī.
칭 부야오 짜이 지아처 스 스융 서우지

💬 네 휴대 전화는 통화 중이거나 꺼져 있구나.

你的手机不是占线就是关机。
Nǐ de shǒujī búshì zhànxiàn jiùshì guānjī.
니 더 서우지 부스 잔시엔 지우스 꾸안지

휴대 전화 문제

💬 휴대 전화 배터리가 얼마 없다.

手机电池不多了。
Shǒujī diànchí bù duō le.
서우지 띠엔츠 뿌 뚜어 러

💬 휴대 전화 신호가 좋지 않다.

手机信号不好。
Shǒujī xìnhào bù hǎo.
서우지 신하오 뿌 하오

💬 휴대 전화를 변기에 떨어뜨렸다.

手机掉到马桶里了。
Shǒujī diàodào mǎtǒngli le.
서우지 땨오따오 마퉁리 러

💬 휴대 전화 충전기 가져왔어요?

你带手机充电器了吗?
Nǐ dài shǒujī chōngdiànqì le ma?
니 따이 서우지 충띠엔치 러 마?

💬 내 휴대 전화 액정이 망가졌다.

我的手机显示屏坏了。
Wǒ de shǒujī xiǎnshìpíng huài le.
워 더 서우지 시엔스핑 화이 러

휴대 전화 기능

💬 휴대 전화에 아침 6시 알람을 맞춰 놨다.

我用手机设置了早上六点的闹钟。
Wǒ yòng shǒujī shèzhì le zǎoshang liù diǎn de nàozhōng.
워 융 서우지 서우즈 러 짜오상 리우 디엔 더 나오중

💬 휴대 전화의 계산기로 계산하면 되잖아.

用手机上的计算器计算不就行了。
Yòng shǒujīshang de jìsuànqì jìsuàn bújiù xíng le.
융 서우지상 더 지쑤안치 지쑤안 부지우 싱 러

💬 요즘 스마트폰이 있어서, 언제 어디서든 이메일을 보낼 수 있다.

最近有智能手机，随时随地可以发电子邮件。
Zuìjìn yǒu zhìnéng shǒujī, suíshísuídì kěyǐ fā diànzi yóujiàn.
쭈이진 여우 즈녕 서우지, 쑤이스쑤이띠 커이 파 띠엔쯔 여우지엔

💬 나는 종종 휴대 전화로 결제한다.

我常常用手机付钱。
Wǒ chángcháng yòng shǒujī fùqián.
워 창창 융 서우지 푸치엔

> 중국에서도 휴대 전화 결제가 많아지면서 잔돈의 사용이 점점 줄어드는 추세입니다.

💬 네 여자 친구와 영상 통화를 해.

和你女朋友视频通话吧。
Hé nǐ nǚpéngyou shìpín tōnghuà ba.
허 니 뉘펑여우 스핀 퉁후아 바

💬 그녀는 휴대 전화로 사진 찍기를 좋아한다.

她喜欢用手机拍照。
Tā xǐhuan yòng shǒujī pāizhào.
타 시후안 융 서우지 파이자오

💬 나는 휴대 전화에 비밀번호를 걸어놨다.

我给手机设了密码。
Wǒ gěi shǒujī shè le mìmǎ.
워 게이 서우지 서 러 미마

💬 내 휴대 전화에 최신 게임이 있다.

我的手机里有最新的游戏。
Wǒ de shǒujīli yǒu zuì xīn de yóuxì.
워 더 서우지리 여우 쭈이 신 더 여우시

💬 너는 그때 휴대 전화로 게임하고 있었지?

你那时在用手机玩游戏吧？
Nǐ nàshí zài yòng shǒujī wán yóuxì ba?
니 나스 짜이 융 서우지 완 여우시 바?

💬 나는 네 휴대 전화 통화 연결음이 마음에 들어.

我喜欢你的手机彩铃。
Wǒ xǐhuan nǐ de shǒujī cǎilíng.
워 시후안 니 더 서우지 차이링

문자 메시지

💬 문자 메시지 보내라.

发短信。
Fā duǎnxìn.
파 두안신

💬 나한테 문자 메시지 보내 줄래요?

你能给我发短信吗?
Nǐ néng gěi wǒ fā duǎnxìn ma?
니 넝 게이 워 파 두안신 마?

💬 네 전화 번호를 문자 메시지로 나한테 알려 줘.

把你的电话号码发短信告诉我。
Bǎ nǐ de diànhuà hàomǎ fā duǎnxìn gàosu wǒ.
바 니 더 띠엔후아 하오마 파 두안신 까오쑤 워

💬 네 문자 메시지 못 받았는데.

没有收到你的短信。
Méiyǒu shōudào nǐ de duǎnxìn.
메이여우 서우따오 니 더 두안신

💬 음성 메시지를 받았어요.

我收到了语音短信。
Wǒ shōudào le yǔyīn duǎnxìn.
워 서우따오 러 위인 두안신

벨소리

💬 그 벨소리 괜찮은데.

那个铃声不错。
Nà ge língshēng búcuò.
나 거 링성 부추어

💬 나는 인터넷에서 벨소리를 다운로드 했다.

我从网上下载了铃声。
Wǒ cóng wǎngshàng xiàzài le língshēng.
워 충 왕상 시아짜이 러 링성

💬 진동 모드로 바꿔 주세요.

请换成振动模式。
Qǐng huànchéng zhèndòng móshì.
칭 후안청 전뚱 모스

💬 회의 시작 전에 휴대 전화를 진동 모드로 바꿨는지 확인해 주세요.

会议开始前请确认手机是否已经改为振动模式。
Huìyì kāishǐ qián qǐng quèrèn shǒujī shìfǒu yǐjīng gǎiwéi zhèndòng móshì.
후이이 카이스 치엔 칭 취에런 서우지 스포우 이징 가이웨이 전뚱 모스

💬 영화 볼 때 휴대 전화를 무음으로 바꿔 주세요.

看电影时请把手机调为静音。

Kàn diànyǐng shí qǐng bǎ shǒujī tiáowéi jìngyīn.

칸 띠엔잉 스 칭 바 서우지 탸오웨이 징인

막힘없이 쉽게!
리얼 발음으로 쉽게!!
어디서나 쉽게!!!

중국어 왕초보를 위한
필수 단어 포켓북!